大学赤本シリーズ

511

近畿大学

JN071732

〈医学部を除く〉

3日程 × **3**カ年

教学社

は　し　が　き

　おかげさまで，大学入試の「赤本」は，今年で創刊 70 周年を迎えました。

　これまで，入試問題や資料をご提供いただいた大学関係者各位，掲載許可をいただいた著作権者の皆様，各科目の解答や対策の執筆にあたられた先生方，そして，赤本を使用してくださったすべての読者の皆様に，厚く御礼を申し上げます。

　以下に，創刊初期の「赤本」のはしがきを引用します。これからも引き続き，受験生の目標の達成や，夢の実現を応援してまいります。

　本書を活用して，入試本番では持てる力を存分に発揮されることを心より願っています。

編者しるす

＊　　　＊　　　＊

　学問の塔にあこがれのまなざしをもって，それぞれの志望する大学の門をたたかんとしている受験生諸君！　人間として生まれてきた私たちは，自己の欲するままに，美しく，強く，そして何よりも人間らしく生きることをねがっている。しかし，一朝一夕にして，この純粋なのぞみが達せられることはない。私たちの行く手には，絶えずさまざまな試練がまちかまえている。この試練を克服していくところに，私たちのねがう真に人間的な世界がはじめて開かれてくるのである。

　人生最初の最大の試練として，諸君の眼前に大学入試がある。この大学入試は，精神的にも身体的にも，大きな苦痛を感ぜしめるであろう。あるスポーツに熟達するには，たゆみなき，はげしい練習を積み重ねることが必要であるように，私たちは，計画的・持続的な努力を払うことによって，この試練を克服し，次の一歩を踏みだすことができる。厳しい試練を経たのちに，はじめて満足すべき成果を獲得できるのである。

　本書は最近の入学試験の問題に，それぞれ解答を付し，さらに問題をふかく分析することによって，その大学独特の傾向や対策をさぐろうとした。本書を一般の参考書とあわせて使用し，まとはずれのない，効果的な受験勉強をされるよう期待したい。

（昭和 35 年版「赤本」はしがきより）

目　次

掲載内容についてのお断り

- 本書には，一般入試前期のうち下記の日程の「英語」を掲載しています。

  2024 年度：A 日程 1 月 28 日実施分・B 日程 2 月 11 日実施分・
  　　　　　 B 日程 2 月 13 日実施分

  2023 年度：A 日程 1 月 29 日実施分・B 日程 2 月 11 日実施分・
  　　　　　 B 日程 2 月 13 日実施分

  2022 年度：A 日程 1 月 30 日実施分・B 日程 2 月 12 日実施分・
  　　　　　 B 日程 2 月 13 日実施分

- 近畿大学の赤本には，ほかに下記があります。

  『近畿大学・近畿大学短期大学部（医学部を除く－推薦入試)』

  『近畿大学・近畿大学短期大学部（医学部を除く－一般入試前期)』

  『近畿大学（理系数学〈医学部を除く 3 日程× 3 カ年〉)』

  『近畿大学（国語〈医学部を除く 3 日程× 3 カ年〉)』

  『近畿大学（医学部－推薦入試・一般入試前期)』

  『近畿大学・近畿大学短期大学部（一般入試後期)』

TREND & STEPS

傾向 と 対策

　問題の「傾向」を分析し，具体的にどのような「対策」をすればよいか紹介しています。まずは出題内容をまとめた分析表を見て，試験の概要を把握しましょう。

====== 注　意 ======

　「傾向と対策」で示している，出題科目・出題範囲・試験時間等については，2024 年度までに実施された入試の内容に基づいています。2025 年度入試の選抜方法については，各大学が発表する学生募集要項を必ずご確認ください。

近畿大学の一般入試は
試験日が異なっても出題傾向に大きな差はないから
過去問をたくさん解いて傾向を知ることが合格への近道

　近畿大学の一般入試（医学部を除く）は，例年，学部・日程・試験日が異なっても出題形式・問題傾向に大きな差はみられないことから，過去問演習が特に重要です。

　受験する日程にかかわらず多くの過去問にあたり，苦手科目を克服し，得意科目を大きく伸ばすことが，近畿大学の合格への近道と言えます。

近畿大学（医学部を除く）「一般入試」の赤本ラインナップ

総合版　　まずはこれで全体を把握！

✓ 『近畿大学・近畿大学短期大学部（医学部を除く
　　－一般入試前期）』

✓ 『近畿大学・近畿大学短期大学部（一般入試後期）』

科目別版　　苦手科目を集中的に対策！（総合版との重複なし）

✓ 『近畿大学（英語〈医学部を除く3日程×3カ年〉）』

✓ 『近畿大学（理系数学〈医学部を除く3日程×3カ年〉）』

✓ 『近畿大学（国語〈医学部を除く3日程×3カ年〉）』

英　語

年度	番号	項　目	内　容
2024 ●	1月28日	〔1〕会　話　文	空所補充
		〔2〕読　　　解	空所補充
		〔3〕文法・語彙	空所補充
		〔4〕文法・語彙	同意表現
		〔5〕文法・語彙	定義に当てはまる語
		〔6〕文法・語彙	語句整序
		〔7〕読　　　解	内容真偽
	2月11日	〔1〕会　話　文	空所補充
		〔2〕読　　　解	空所補充
		〔3〕文法・語彙	空所補充
		〔4〕文法・語彙	同意表現
		〔5〕文法・語彙	定義に当てはまる語
		〔6〕文法・語彙	語句整序
		〔7〕読　　　解	内容真偽
	2月13日	〔1〕会　話　文	空所補充
		〔2〕読　　　解	空所補充
		〔3〕文法・語彙	空所補充
		〔4〕文法・語彙	同意表現
		〔5〕文法・語彙	定義に当てはまる語
		〔6〕文法・語彙	語句整序
		〔7〕読　　　解	内容真偽
2023 ●	1月29日	〔1〕会　話　文	空所補充
		〔2〕読　　　解	空所補充
		〔3〕文法・語彙	空所補充
		〔4〕文法・語彙	同意表現
		〔5〕文法・語彙	定義に当てはまる語
		〔6〕文法・語彙	語句整序
		〔7〕読　　　解	内容真偽，内容説明

2023 ●	2月11日	〔1〕	会 話 文	空所補充
		〔2〕	読 解	空所補充
		〔3〕	文法・語彙	空所補充
		〔4〕	文法・語彙	同意表現
		〔5〕	文法・語彙	定義に当てはまる語
		〔6〕	文法・語彙	語句整序
		〔7〕	読 解	内容真偽，内容説明
	2月13日	〔1〕	会 話 文	空所補充
		〔2〕	読 解	空所補充
		〔3〕	文法・語彙	空所補充
		〔4〕	文法・語彙	同意表現
		〔5〕	文法・語彙	定義に当てはまる語
		〔6〕	文法・語彙	語句整序
		〔7〕	読 解	内容真偽
2022 ●	1月30日	〔1〕	会 話 文	空所補充
		〔2〕	読 解	空所補充
		〔3〕	文法・語彙	空所補充
		〔4〕	文法・語彙	同意表現
		〔5〕	文法・語彙	定義に当てはまる語
		〔6〕	文法・語彙	語句整序
		〔7〕	読 解	内容真偽
	2月12日	〔1〕	会 話 文	空所補充
		〔2〕	読 解	空所補充
		〔3〕	文法・語彙	空所補充
		〔4〕	文法・語彙	同意表現
		〔5〕	文法・語彙	定義に当てはまる語
		〔6〕	文法・語彙	語句整序
		〔7〕	読 解	内容真偽，内容説明
	2月13日	〔1〕	会 話 文	空所補充
		〔2〕	読 解	空所補充
		〔3〕	文法・語彙	空所補充
		〔4〕	文法・語彙	同意表現
		〔5〕	文法・語彙	定義に当てはまる語
		〔6〕	文法・語彙	語句整序
		〔7〕	読 解	内容真偽，内容説明

（注） ●印は全問，◑印は一部マーク方式採用であることを表す。

基礎力重視，おおむね標準レベル
会話文，文法・語彙，長文読解をバランスよく出題

01 出題形式は？

　ここ数年同じ出題形式・内容が続いている。会話文問題1題（〔A〕，〔B〕の2種類），文法・語彙問題4題，読解問題2題からなる大問7題の出題で，全問マーク方式である。試験時間は60分。

02 出題内容はどうか？

　〔1〕は対話中の空所に文や文の一部を埋める問題（4択）で，2種類の会話文が出題されている。〔2〕は150～200語程度の英文中の空所を補充する問題。〔3〕は短文中の空所に語句を補充する問題（4択）。〔4〕は与えられた英文と同じ意味になる英文を選ぶ問題（4択）。〔5〕は語の定義（英文）とその語が入る部分が空所になった用例が与えられ，用例中の空所を補充する問題（4択）。〔6〕は和文の意味になるように英語の語句を並べ替える問題。〔7〕は400語程度の長文読解問題。7問中，問7がテキスト全体に対する内容真偽問題，その他はパラグラフごとに内容真偽や下線部の内容説明が問われる。問7以外は4択式である。内容真偽問題は，「本文の内容に合わない」選択肢を選ぶ問いもあるので注意を要する。

03 難易度は？

　例年，どの問題も標準か，標準よりやや易しめの難易度である。2022年度はやや難化したが，2023・2024年度は標準レベルに戻った。
　〔1〕の会話文の空所補充では，空所の直前や直後だけでは決められないものがいくつか見られる。〔2〕の読解問題は，意味と文法の両面から捉える力があれば無理なく解答できる。〔3〕の空所補充は標準レベル。〔4〕の同意表現は，文中に未知の語句がある場合もあり，文脈から類推する力が求められる。〔5〕の定義に当てはまる語は，選択肢の語彙レベルがやや高く難しそうに見えるが，紛らわしいものはなく標準的。〔6〕の語句整序は，

複文や分詞構文など受験生が苦手とするものも多いが，英語表現としては標準的なものである。〔7〕の長文読解問題は，段落ごとの設問が多いため読み取りやすくそう難しくはない。

01　語彙力の養成

　〔2〕の空所補充，〔4〕の同意表現，〔5〕の定義に当てはまる語による問題は，見出し語や選択肢の語の意味がわからなければ答えようがない。また，〔7〕の長文読解問題においても，まず語彙力が基本となることは言うまでもない。普段の「コミュニケーション英語」の授業から，そのことを意識して取り組むことが大事である。

　新出単語があった場合にテスト対策などを通じて語彙力の養成に努めることはもちろんのこと，2，3カ月単位で復習できるように，単語帳を作ったり，テキストにマーカーを入れたりと，それぞれに工夫をして取り組んで欲しい。その上で，『必携英単語 LEAP』（数研出版）などの市販の単語帳を用いて語彙力をつけよう。

　最後に，何よりも自分で辞書を引くこと，辞書と対話しながら不明の語句の意味を探り当てることが，語彙力を築き上げるのだと述べておきたい。これは，読解力と思考力を高めてくれる方法でもある。

02　文法・語法力の養成

　〔3〕の短文中の空所補充，〔6〕の語句整序では，文法・語法力が問われる。動詞の語法，関係詞，準動詞，仮定法など授業だけでは応用力（実際の問題に対応する力）を身につけるまでには至らない。『深めて解ける！ 英文法 INPUT』『深めて解ける！ 英文法 OUTPUT』（いずれも学研プラス）などを用いて，完全に自分のものにしておくことが必要である。一度通しただけでは不十分で，二度，三度と繰り返して徹底的にマスターしておきたい。

03 語句整序問題

解法の王道としては，語群の中から動詞に着目して SV の組み合わせを見つけ，それを中心に文構造を作り上げることである。そして SV が 2 つ以上の場合は接続詞でつなぐことを忘れてはならない。熟語や定型構文の知識がものを言う場合も多いが，丸暗記だけでは対応しきれない。

04 過去問による演習

最後に，実際の受験においては，時間配分の意識が重要である。設問に紛らわしい選択肢が含まれていると，つい 1 つの設問に時間をかけてしまうことになりがちである。できる問題で取りこぼしをしないように，常に時間配分を意識したい。それには，過去問に取り組むことが最上の対策となる。

2024
年度

問題と解答

1 月 28 日実施分　　　　問　題

（60分）

Ⅰ　次の対話文の空所に入れるのに最も適当なものを，それぞれア～エから一つ選べ。

〔A〕

　A：Let me introduce you to Buck, the newest addition to our home.

　B：Oh, you got a dog! He looks a bit old, though. How long have you had him?

　A：Not very long, actually. _____1_____

　B：He's so cute! So, why did you do that?

　A：We thought it'd be a good idea to get a mature dog since they don't need much training. That's why we opted for an animal that had been rescued.

　B：I see, but didn't he have a hard time getting used to living in a new home?

　A：Like many dogs, he was nervous at first. So, _____2_____.

　B：I'm amazed. That's all it took! He's so well-adjusted and relaxed. So, what's involved in getting an animal from the shelter? I've always wanted a dog.

　A：First, you have to complete a questionnaire. As you can imagine, not everyone is qualified.

　B：So, what kind of questions did they ask you?

　A：Well, for example, _____3_____? Can you keep a pet at your residence? Have you ever cared for a pet? Do you have allergies? Do you have any pets now?

　B：I'm OK with most of those, but the first one may be a problem since my schedule has been so unpredictable these days. Still, I'd love to have a dog.

2
0
2
4
年
度

1
月
28
日

問
題
編

1．ア．We bought him as a puppy from the pet store in the mall.

　　イ．We decided to adopt him from an animal shelter.

　　ウ．We got him from our neighbor whose dog had puppies.

　　エ．We're watching him for friends who are on vacation.

2．ア．he needed a couple of weeks to adapt to the new environment

　　イ．he's still a bit wild since we found him on the road

　　ウ．we had to send him to a training school for young dogs

　　エ．we put him on a special diet because he's a puppy

3．ア．are there rules for having a pet where you live

　　イ．can you afford all the costs of keeping a pet

　　ウ．do you have enough space to care for a pet

　　エ．do you have the time to adequately care for a pet

〔B〕

A：Hello, sir. Welcome to the Patio Hotel. How may I help you?

B：Good morning. My name is Jim Day and _____4_____ .

A：Yes. I see your reservation here, Mr. Day. With conferences in town, we're actually overbooked so we'd like to upgrade you to a double room free of charge.

B：That sounds great! It'll be nice to relax after the long flight.

A：Actually, your room won't be available for at least another couple of hours. Check-in begins at 1 p.m.

B：That's fine. I'll just _____5_____ .

A：OK, sir. I'll give you two free drink coupons to use. After taking whatever you need from your luggage, you could just leave it here if you'd like.

B：In that case, I should ask if there are towels provided or if I should take one with me.

A：They're available for free in the changing room. Please return it there when you're finished.

B : For sure. _____6_____

A : No problem. We'll even bring your suitcase to your room, so you don't need to come back to reception.

B : Thank you very much.

4．ア．I booked a single room at this hotel through your website

　　イ．I was wondering if there are any single rooms available for tonight

　　ウ．I'd like to confirm my reservation for a double room for the weekend

　　エ．I'd like to know if you have any vacant rooms during the conference

5．ア．check out what restaurants and cafes are around the hotel

　　イ．get a couple of drinks and something to eat at the hotel restaurant

　　ウ．relax at the rooftop pool while I wait for my room to be ready

　　エ．take a quick shower in my room before coming back for my suitcase

6．ア．Can you put my luggage in my room now so I'll have it right away?

　　イ．Could I have my key brought to me later if I finish the check-in form now?

　　ウ．Would you give me a call when my room is ready in about an hour?

　　エ．Would you mind if I just returned here at 1 p.m. to pick up my key?

2
0
2
4
年
度

1
月
28
日

問
題
編

Ⅱ　次の英文の空所に入れるのに最も適当な語を，ア～クから選べ。ただし，同じものを繰り返し用いてはならない。

　　A study that began in 1986 established a causal link between the behavior of parents and the success of their children. The research (7) in this study were the families of 129 children living in poverty in Jamaica. There were two experimental groups, and each group received a different treatment. In one, the children received extra food and milk. In the other, the families received visits from an expert in early childhood development, who (8) the parents to spend more time engaged with their children: reading books, singing songs, or simply playing. A third set of families, the control group, received no treatment. The experiment (9) for two years, but the researchers who conducted the study continued to follow the children.

　　The researchers found that the (10) that made the most difference in the children's lives was early parental interaction. As they were growing up, the children in this group (11) more positive behavior and had higher IQ scores than the children in the other groups. As adults, they earned 25% more than the other participants in the study. The researchers contend that their results have clear (12). To ensure the future success of children living in poverty, we should educate parents about the importance of parent-child interaction.

ア．discover　　　　イ．encouraged　　　　ウ．exhibited

エ．implications　　オ．intervention　　　カ．lasted

キ．restricted　　　ク．subjects

出典追記：Prism Reading 4 by Jessica Williams, Cambridge University Press

Ⅲ　次の各英文の空所に入れるのに最も適当な語句を，ア～エから一つ選べ。

13. I knew immediately what（　　　）made him insist that he was right.

　　ア．it　　　　　イ．it was　　　　ウ．it was that　　エ．was that

14. （　　　）the fact that we were late, we went to apologize to our business partners.

　　ア．Gave　　　イ．Given　　　　ウ．Giving　　　　エ．To give

15. I had a racing car when I was young, and（　　　）.

　　ア．did my brother　　　　　　イ．my brother did so

　　ウ．so did my brother　　　　　エ．so my brother

16. Last year, in no way（　　　）any interest in that game.

　　ア．did Tom show　　　　　　　イ．has Tom showed

　　ウ．Tom has showed　　　　　　エ．Tom showed

17. In the study, fewer people than（　　　）had formed antibodies to the virus.

　　ア．expectation　　　　　　　　イ．expected

　　ウ．expecting　　　　　　　　　エ．having expected

18. According to a recent survey, only one percent of all plastic bags（　　　）successfully.

　　ア．are recycled　　　　　　　　イ．are recycling

　　ウ．is recycling　　　　　　　　エ．recycled

19. Noticing a handkerchief tied to the pole on the street, I thought someone（　　　）it and tied it there.

　　ア．can have found　　　　　　　イ．must have found

　　ウ．shall have found　　　　　　エ．will have found

20. Some of the managers in the company insisted that they (　　) much money on advertising.

ア．not spend　　　　　　　　　イ．not spending

ウ．spending　　　　　　　　　エ．spends

Ⅳ　次の各英文の意味に最も近いものを，ア～エから一つ選べ。

21. According to newspaper reports, the president arrived on the dot.

ア．According to newspaper reports, the president arrived at the exact time.

イ．According to newspaper reports, the president arrived early.

ウ．The president arrived at the right place according to newspaper reports.

エ．The president arrived late according to newspaper reports.

22. I think I will get down to cleaning my room tomorrow.

ア．I think I will avoid cleaning my room tomorrow.

イ．I think I will finish cleaning my room tomorrow.

ウ．Tomorrow, I think I will have to motivate myself to clean my room.

エ．Tomorrow, I think I will start to clean my room.

23. John said he was subjected to an intensive training program.

ア．John said he had to undergo an intensive training period.

イ．John said he was made to lead an intensive training period.

ウ．John told us he had to plan an intensive training period.

エ．John told us he was made to review an intensive training period.

24. It looks like someone tried to break into the apartment.

ア．It appears like somebody attempted to destroy the apartment.

イ．It appears like someone tried to secretly visit the apartment.

ウ. It looks like somebody attempted to purchase the apartment.

エ. It looks like someone tried to forcibly enter the apartment.

V 次の(a)に示される意味を持ち，かつ(b)の英文の空所に入れるのに最も適した
語を，それぞれア～エから一つ選べ。

25. (a) a group of people chosen or elected to make decisions or give
advice

(b) The local (   ) met to discuss the new playground equipment.

　　ア. audience　　イ. council　　ウ. gathering　　エ. spectator

26. (a) a method or process for fixing a problem

(b) I think that is the best (   ) to stop global warming.

　　ア. creation　　　　　　　　イ. evaluation

　　ウ. examination　　　　　　エ. solution

27. (a) to offend someone by saying or doing something that is rude or
offensive

(b) He did not mean to (   ) his friend, but his words really
hurt his friend's feelings.

　　ア. advise　　　　　　　　　イ. discourage

　　ウ. insult　　　　　　　　　エ. resist

28. (a) willing to attempt things that are difficult, dangerous, or painful
without fear

(b) He felt (   ) when he gave a presentation in front of the
class.

　　ア. brave　　　　　　　　　イ. exhausted

　　ウ. satisfied　　　　　　　　エ. vulnerable

29. （a） easily and without hesitation

　（b） She （　　　） agreed to help me with my homework.

　　　　ア．essentially　　　　　　イ．hopefully

　　　　ウ．obviously　　　　　　　エ．readily

Ⅵ　次の ［A］〜［D］ の日本文に合うように，空所にそれぞれア〜カの適当な語句を
　　入れ，英文を完成させよ。解答は番号で指定された空所に入れるもののみをマーク
　　せよ。なお，文頭に来る語も小文字にしてある。

［A］　彼は，講堂にいるみんなに聞こえるほど大きな声では話さなかった。

　　He （　　　）（　　　）（　30　）（　　　）（　31　）（　　　） by all the
　　students in the lecture hall.

　　　　ア．be　　　　　　　イ．did not　　　　ウ．enough to

　　　　エ．heard　　　　　　オ．loudly　　　　　カ．speak

［B］　細部まで手作りされた精巧な作品であることに加えて，この人形は歴史的価
　　値という点でも貴重だ。

　　　　（　　　）（　　　）（　32　）（　　　）（　　　）（　33　） the smallest detail,
　　the doll is valuable in terms of historical importance.

　　　　ア．an elaborate　　イ．being　　　　　ウ．besides

　　　　エ．handcrafted　　　オ．to　　　　　　　カ．work

［C］　嫌がっていたのに，パーティーに参加することにしたのはどういうわけです
　　か。

　　　　（　　　）（　34　）（　　　）（　35　）（　　　）（　　　） the party, even
　　though you did not want to?

　　　　ア．come　　　　　　イ．decided　　　　ウ．how

　　　　エ．join　　　　　　　オ．to　　　　　　　カ．you

［D］　毎晩，ディエゴはより元気でいるために公園でジョギングをしていた。

Every night, (　　) (　　) (36) (37) (　　) (　　) get healthier.

　ア．Diego　　　　　　イ．found　　　　　　ウ．jogging in

　エ．the park　　　　　オ．to　　　　　　　カ．was

Ⅶ　次の英文を読み，あとの問いに答えよ。

　One morning every spring, people all over Europe, North America, and other parts of the world stagger out of bed and drag themselves to work or school. Some arrive late; others arrive sleepy. Then, one morning the next fall, they wake up, look gratefully at their clocks, and go back to sleep for another hour.

　The reason? Every spring, these people move their clocks forward one hour when daylight saving time (DST) begins. They move them back one hour in the fall when it ends. It seems like a lot of trouble. Why do we have DST in the first place? For answers, we have to go back several hundred years.

　One summer morning in Paris in 1784, the American inventor and diplomat Benjamin Franklin woke up at six in the morning. Usually, he stayed out very late and so, on most days, he slept until about noon. Like many people then and now, his activities were controlled by the clock, not the light of the sun. That day, however, he had forgotten to close the curtains so his room became very bright early in the morning. He was delighted that he had six extra hours of daylight that day, which would cost him nothing. In contrast, his evening activities required expensive, smoky candles. When he realized this, he calculated how much the people of Paris could save on candles if they all got out of bed at sunrise during the summer. He came up with a figure that is equivalent to $200 million today. These calculations led him to make a proposal to use daylight more efficiently by changing the clocks twice a year.

For a long time, however, DST remained only a proposal. The first country to adopt it on a national scale was Germany in 1916 during World War I. By then, coal was used to generate electricity, and the German government wanted to save the coal for the military. Other countries on both sides of the war quickly followed suit. During World War II, DST became mandatory all year round in Britain and the United States. As in World War I, governments wanted to conserve energy for the war effort. Thirty years later, the United States again extended DST throughout the year during the 1973-74 oil crisis.

Since DST was first proposed, the major justification for DST has been energy conservation. But does setting our clocks forward an hour in the spring really still save energy? Maybe. A 2008 U.S. government study showed that DST reduced the country's energy consumption by 0.02 percent. Although the percentage seems small, the savings can add up because the United States consumes so much energy.

問1　本文の第1段落の内容に合うものとして最も適当なものを，ア～エから一つ選べ。(38)

ア．On one particular morning in the spring, North Americans do not have any difficulty getting out of bed.

イ．Out of the two mornings mentioned, North Americans seem to like the one in the spring compared to the one in the fall.

ウ．People in Europe can get an extra hour of sleep on one autumn morning that people in North America cannot get.

エ．Some people in Europe are late for work on one morning in the spring but get the chance to sleep for an extra hour on one morning in the fall.

問2　本文の第2段落の内容に合わないものを，ア～エから一つ選べ。(39)

ア．At the conclusion of DST, certain people turn their clocks back one hour.

イ．Even when looking back hundreds of years, the reason for having DST remains unclear.

ウ．Some people in the world set their clocks ahead one hour in the springtime.

エ．The custom of having to adjust your clocks for DST seems to be inconvenient.

問3　本文の第3段落の内容に合わないものを，ア〜エから一つ選べ。(40)

ア．According to Franklin, the people who lived in Paris in 1784 saved 200 million dollars on candles since they got up earlier in the summer.

イ．By waking up six hours earlier than he usually did, Franklin was able to enjoy extra daylight for free.

ウ．Franklin most often woke up around 12 p.m. because he would usually go out until late the night before.

エ．Similar to nowadays, when Franklin was alive, instead of the sun, the clock determined how people spent their time.

問4　下線部(41)の内容に合わないものを，ア〜エから一つ選べ。

ア．The amount of money that the people of Paris would save on candles if they changed their sleeping habits.

イ．The amount of money the people of Paris could save on candles in the summertime if the majority of them got out of bed at sunrise.

ウ．The amount of savings on candles people living in Paris could achieve in the summer if everybody got up when the sun rises.

エ．The total amount of savings that everyone living in Paris would make in the summer if they all stopped using candles and got up at sunrise.

問5　本文の第4段落の内容に合うものとして最も適当なものを，ア～エから一つ選べ。(42)

ア．During the Second World War, DST was required for most of the year in Britain and North America.

イ．Just under half a century after Germany first adopted DST, America again made DST mandatory all year round.

ウ．Prior to one European country adopting DST in an effort to conserve coal for its military, DST was merely a suggestion.

エ．The purpose of countries implementing DST has been solely used in times of war.

問6　本文の第5段落の内容に合うものとして最も適当なものを，ア～エから一つ選べ。(43)

ア．A study conducted by the American government in the twentieth century revealed that DST could slightly reduce energy consumption.

イ．Because the amount of energy used in America is great, a large reduction in the percentage of its usage is necessary.

ウ．By just advancing our clocks by an hour in the spring, without a doubt, we can conserve energy.

エ．Since its proposal, saving energy remains the primary reason for adopting DST.

問7　本文の内容に合わないものを，ア～キから二つ選び，(44)と(45)に一つずつマークせよ。ただし，マークする記号（ア，イ，ウ,...）の順序は問わない。

ア．Due to DST, it is more likely some Europeans may arrive at school feeling sleepy on a particular spring morning.

イ．DST leads to some people in the world sleeping more on a day in the fall and less on another day in the spring.

ウ．The implementation of DST has only affected the sleeping hours of North American people between the spring and fall seasons.

エ. Getting up about six hours earlier than usual helped Franklin realize the benefits of DST.

オ. In the passage, the amount of savings that Franklin calculated was presented in the amount of money it would be worth today.

カ. During World War II and the oil crisis of the 1970s, the number of days a year that DST was implemented in the United States differed.

キ. America uses a lot of energy so even a small percentage decrease in overall usage can have an impact on energy consumption.

1 月 28 日実施分　　　　　　解　答

Ⅰ　解答　　〔A〕　1—イ　2—ア　3—エ
　　　　　　　〔B〕　4—ア　5—ウ　6—イ

·· 全訳 ··

〔A〕《犬を飼うことにした友人との会話》

A：我が家に新しく仲間入りしたバックだよ。

B：ああ，犬を飼ったんだね！　ちょっと年寄りに見えるけど。いつから飼ってるの？

A：実のところ，あまり長くはないんだ。動物保護施設から飼うことにしたんだ。

B：かわいいわね！　どうしてそうしたの？

A：成犬ならしつけもいらないし，飼いやすいと思ったんだ。だから保護された犬を選んだんだ。

B：なるほど，でも新しい家に慣れるのに苦労したんじゃないかな。

A：多くの犬がそうであるように，彼も最初は緊張していたよ。だから，新しい環境に適応するのに2，3週間は必要だったんだ。

B：すごいね。たったそれだけの期間で！　彼はとても順応していて，リラックスしているね。では，保護施設から動物を迎えるには何が必要なの？　ずっと犬が欲しかったんだ。

A：まず，アンケートに答えなければいけないんだ。ご想像の通り，すべての人に資格があるわけではないんだ。

B：どんな質問をされたの？

A：ええっと，例えば，ペットの世話を十分にする時間があるか。住居でペットを飼えるか。ペットの世話をしたことがあるか。アレルギーはあるか。現在ペットを飼っているか。

B：ほとんど大丈夫だけど，最初の質問は最近スケジュールが予測できないので問題かもしれない。それでも犬を飼いたいと思っているよ。

〔B〕《ホテルのチェックインでのやりとり》

A：こんにちは。パティオ・ホテルへようこそ。ご用件を承ります。

B：おはようございます。私はジム＝デイと申しますが，御社のウェブサイトからこのホテルのシングルルームを予約しました。

A：はい。ご予約を拝見いたしました，デイ様。町での会議で予約がいっぱいのため，無料でダブルルームにアップグレードさせていただきます。

B：それはいいですね！　飛行機での長旅のあとリラックスするにはすばらしいですね。

A：実は，お部屋が少なくともあと2時間はご利用できません。チェックインは午後1時からです。

B：大丈夫です。部屋の準備ができるのを待つ間，屋上のプールでのんびりします。

A：かしこまりました。ご利用いただける無料ドリンク券を2枚差し上げます。お荷物から必要なものをお取りになった後，よろしければここにお預けください。

B：その場合，タオルが用意されているのか，それとも持っていくべきなのか，聞いておいたほうがいいですね。

A：更衣室に無料で置いてあります。終わったらそこにお返しください。

B：わかりました。今チェックイン用紙に記入したら，後で鍵を持って来てもらえますか？

A：大丈夫です。スーツケースもお部屋までお持ちいたしますので，フロントにお戻りになる必要はございません。

B：ありがとうございます。

━━━━━━━━━━ **解 説** ━━━━━━━━━━

〔A〕　**1**．直後のBの発言で「どうしてそうしたの？」と尋ねられていることから，空所には that の指示内容が入ると考えられる。また，Aの3つ目の発言に「成犬ならしつけもいらないし，飼いやすいと思ったんだ。だから保護された犬を選んだんだ」とあるので，イ．「動物保護施設から飼うことに決めた」が正解。他の選択肢は，ア．「ショッピングモールのペットショップで子犬の時に買った」，ウ．「近所の犬が子犬を産んだので，飼うことにした」，エ．「私たちは休暇中の友人のためにこの子を見ている」である。

2．Aの4つ目の発言に「多くの犬がそうであるように，彼も最初は緊張

2024年度 1月28日

解答編

していたよ」とあり，空所直後のＢの発言に「すごいね。たったそれだけ
の期間で！」とあることから，ア.「新しい環境に適応するのに２，３週
間必要だった」が正解。他の選択肢は，イ.「道路で見つけたので，まだ
少し野性的だ」，ウ.「幼犬のための訓練学校に通わせなければならなかっ
た」，エ.「子犬なので，特別な食事をさせた」であり，期間に関連する表
現がないことから不適。

3. 直前のＢの発言より，動物保護施設の職員からされた質問を選ぶ。ま
た，Ｂの６つ目の発言に「最初の質問は最近スケジュールが予測できない
ので問題かもしれない」とあるので，エ.「ペットの世話を十分にする時
間があるか」が正解。他の選択肢は，ア.「住んでいるところでペットを
飼う決まりがあるか」，イ.「ペットを飼うためのすべての費用を払う余裕
があるか」，ウ.「ペットを世話するのに十分なスペースがあるか」であり，
スケジュールに関係ないので不適。

〔Ｂ〕　**4.** Ａの２つ目の発言に「はい。ご予約を拝見いたしました，デイ
様。町での会議で予約がいっぱいのため，無料でダブルルームにアップグ
レードさせていただきます」とあることから，ア.「御社のウェブサイト
から，このホテルのシングルルームを予約しました」が正解。Ｂはすでに
シングルルームを予約しており，Ａからダブルルームにアップグレードを
提案されたと考えると文意が通る。他の選択肢は，イ.「シングルルーム
は今晩空いていますか？」，ウ.「週末のダブルルームの予約を確認したい
のですが」，エ.「会議期間中に空室があるかどうか知りたいのですが」で
ある。

5. 部屋が少なくともあと２時間は利用できないというＡの３つ目の発言
を受けてのＢの返答を問う問題。Ｂの４つ目の発言で，「その場合，タオ
ルが用意されているのか，それとも持っていくべきなのか，聞いておいた
ほうがいいですね」とあることから，ウ.「部屋の準備ができるのを待つ
間，屋上のプールでくつろぐ」が正解。他の選択肢は，ア.「ホテル周辺
にどんなレストランやカフェがあるかを調べる」，イ.「ホテルのレストラ
ンで２，３杯の飲み物と食事をとる」，エ.「スーツケースを取りに戻る前
に，部屋で素早くシャワーを浴びる」である。

6. Ａの最後の発言に，「大丈夫です。スーツケースもお部屋までお持ち
いたしますので，フロントにお戻りになる必要はございません」とあるの

で，イ．「今チェックイン用紙に記入したら，後で鍵を持って来てもらえますか？」が正解。他の選択肢は，ア．「すぐに持っておけるよう，今荷物を部屋に置いてもらえますか？」，ウ．「約1時間後に部屋の準備ができたら，電話をいただけますか？」，エ．「午後1時に鍵を取りにここに戻るだけでいいですか？」である。

Ⅱ　**解答**　7—ク　8—イ　9—カ　10—オ　11—ウ　12—エ

・・・・・・・・・・・・・・・・・・・・・・・・・・・・・・・・・・・　**全訳**　・・・・・・・・・・・・・・・・・・・・・・・・・・・・・・・・・・・

《親と子の相互作用の重要性》

① 1986年に始まったある研究は，親の行動と子どもの成功との間に因果関係があることを立証した。この研究の被験者は，ジャマイカで貧困の中で暮らす129人の子持ちの家族である。実験グループは2つあり，それぞれのグループが異なる扱いを受けた。ひとつのグループでは，子どもたちは追加の食事とミルクを与えられた。もう一方のグループでは，幼児発達の専門家が家族を訪問し，本を読んだり，歌を歌ったり，単に遊んだりして，子どもと関わる時間を増やすよう親に勧めた。対照群である3グループ目の家族は，何の扱いも受けなかった。実験は2年間続いたが，研究を実施した研究者たちは子どもたちの追跡調査を続けた。

② 研究者たちは，子どもたちの人生に最も大きな変化をもたらした介入は，初期の親との相互作用であることを発見した。このグループの子どもたちは成長するにつれ，他のグループの子どもたちよりも積極的な行動を示すようになり，IQスコアも高くなった。大人になってから，彼らの収入は，研究の他の参加者より25％多かった。研究者たちは，彼らの結果には明確な影響があると主張している。貧困の中で暮らす子どもたちの将来の成功を確実にするために，私たちは親と子の相互作用の重要性について親を教育すべきである。

========================　**解説**　========================

空所補充問題では，和訳と品詞の両面を考慮することが重要である。各選択肢の品詞は以下の通り。ア．discover は動詞の原形，もしくは現在形。イ．encouraged は動詞の過去形，もしくは過去分詞形。ウ．exhibited は動詞の過去形，もしくは過去分詞形。エ．implications は名

詞。オ．intervention は名詞。カ．lasted は動詞の過去形，もしくは過去分詞形。キ．restricted は動詞の過去形，もしくは過去分詞形。ク．subjects は名詞。

7． 空所を含む文の構造を考えると，The research（　7　）が主語，were が動詞，the families が補語である。よって，空所には名詞が入るので，エ．implications「言外の意味，影響」，オ．intervention「介入」，ク．subjects「話題，被験者」に絞られる。ここで，空所を含む文の和訳を確認すると「この研究の（　7　）は，ジャマイカで貧困の中で暮らす129人の子持ちの家族である」である。文意が通るのはク．subjects「被験者」のみ。

8． 空所直前の関係代名詞 who は主格であり，空所直後には the parents という目的語があるため，空所には動詞が入る。また，空所を含む文の他の動詞は過去形であることから，空所も過去形となる。よって，イ．encouraged「勧めた」，ウ．exhibited「示した」，カ．lasted「続いた」，キ．restricted「制限した」に絞られる。ここで，空所を含む文の和訳を確認すると「もう一方のグループでは，幼児発達の専門家が家族を訪問し，本を読んだり，歌を歌ったり，単に遊んだりして，子どもと関わる時間を増やすよう親に（　8　）」である。文意が通るのはイ．encouraged「勧めた」のみ。

9． 空所を含む文の構造を分析すると，The experiment が主語，（　9　）が動詞，for two years は副詞句である。また，前文（A third set …）の動詞が過去形であること，空所を含む文の but 以下の動詞 conducted, continued も過去形であることから，空所には過去形の自動詞が入ると判断できる。また，イ．encouraged は空所（8）の解答であることから，カ．lasted「続いた」に絞られる。

10． 空所を含む文の that 節内の構造を分析すると，the（　10　）が主語，was が動詞，early parental interaction が補語。よって，空所には名詞が入る。また，ク．subjects は空所（7）の解答であることから，エ．implications「言外の意味，影響」，オ．intervention「介入」に絞られる。ここで，空所を含む文の和訳を確認すると「研究者たちは，子どもたちの人生に最も大きな変化をもたらした（　10　）は，初期の親との相互作用であることを発見した」である。第1段には，〈実験に参加したひとつ

のグループでは，子どもたちは追加の食事とミルクが与えられ，別のグループでは，幼児発達の専門家が家族を訪問し，子どもと関わる時間を増やすよう親に勧めた〉とあることから，オ．intervention「介入」が正解。

11. 空所前後の文構造を考えると，the children が主語，空所が動詞，more positive behavior が目的語である。よって，空所には他動詞が入る。また，前後の文の動詞の時制が過去形であることから，空所も過去形であると考えられる。イ．encouraged は空所（8）の，カ．lasted は空所（9）の解答であることから，ウ．exhibited「示した」，キ．restricted「制限した」に絞られる。ここで，空所を含む文の和訳を確認すると「このグループの子どもたちは成長するにつれ，他のグループの子どもたちよりも積極的な行動を（　11　）ようになり，IQ スコアも高くなった」である。文意が通るのはウ．exhibited「示した」のみ。

12. 空所を含む文の that 節内の構造を分析すると，their results が主語，have が動詞，clear（　12　）が目的語である。よって，空所には名詞が入る。また，オ．intervention は空所（10）の，ク．subjects は空所（7）の解答であることから，エ．implications「影響」に絞られる。

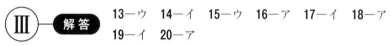

Ⅲ　**解答**　**13**—ウ　**14**—イ　**15**—ウ　**16**—ア　**17**—イ　**18**—ア
　　　　　19—イ　**20**—ア

━━━━━━ **解 説** ━━━━━━

13.「彼が自分が正しいと主張する理由が一体何なのか，私にはすぐにわかった」

「自分が正しいと彼に主張させたのは一体何ですか」という疑問文は，強調構文を用いて What was it that made him insist that he was right? となる。この疑問文を I knew immediately の後ろに続けると，間接疑問文となり，what it was that made him insist that he was right. という語順になる。したがって，ウ．it was that が正解。空所を除いて文構造が完成しているので，ア．it，イ．it was，エ．was that は不適。

14.「遅刻した事実を考慮に入れ，我々は取引先に謝りに行った」

イ．Given は前置詞的用法で「〜を考慮に入れると」の意味があり，これが正解。ア．Gave は動詞の過去形から文が始まることになり，文構造が成り立たない。ウ．Giving は分詞構文，エ．To give は不定詞の副詞的

用法として用いることになるが，どちらも文意が通らないため不適。

15.「私は若い頃レーシングカーを持っていて，兄もまたそうだった」

　肯定的な内容を受け，so V S で「S もまたそうだ」という内容を表す。よって，ウ．so did my brother が正解。ア．did my brother は so がないので不適。イ．my brother did so は語順が不適。エ．so my brother は did が抜けているため不適。

16.「昨年，トムはそのゲームに少しも興味を示さなかった」

　否定の副詞（句・節）（ここでは in no way）の直後は倒置が起こるので，ア．did Tom show かイ．has Tom showed に絞られる。また，文頭に Last year と過去を示す表現があることから過去形のア．did Tom show が正解。in no way「少しも～ない」

17.「その研究では，そのウイルスに対する抗体を形成した人は予想より少なかった」

　than expected で「予想以上に」という表現。than の後ろにア．expectation，ウ．expecting，エ．having expected が続く表現がないため不適。

18.「最近の調査によると，すべてのビニール袋の1パーセントしかリサイクルに成功していない」

　percent of ～ は，～が単数形なら単数扱い，～が複数形なら複数扱いとなる。all plastic bags が複数なので，ウ．is recycling は不適。また，主語は only one percent なので，受動態のア．are recycled が正解で，現在進行形のイ．are recycling，過去形のエ．recycled は不適。

19.「通りの柱にハンカチが結びつけられているのに気づいて，誰かがそれを見つけてそこに結んだにちがいないと思った」

　文意より，イ．must have found「見つけたにちがいない」が正解。must have *done* で「～したにちがいない」の意味。エ．will have *done*「（もう）～してしまっているだろう，～しただろう」では文意が通らない。ア．can have *done*，ウ．shall have *done* という表現はない。

20.「会社の管理職のなかには，広告にあまりお金を使うなと主張する者もいた」

　要求・主張・命令・提案を表す動詞の後の that 節では，動詞の形は原形，または should＋原形となる。よって，ア．not spend が正解。エ．

spends は現在形であり，原形ではない。また，否定語の後には原形が続く。

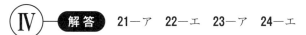

Ⅳ ─ **解答** 　21─ア　22─エ　23─ア　24─エ

══════════════ **解説** ══════════════

21. 「新聞報道によると，その大統領は時間通りに到着した」

　on the dot は「時間通りに」という意味。したがって，この意味に最も近いのは，ア.「新聞報道によると，その大統領は正確な時間に到着した」である。他の選択肢は，イ.「新聞報道によると，その大統領は早く到着した」，ウ.「新聞報道によると，その大統領は正しい場所に到着した」，エ.「新聞報道によると，その大統領は遅れて到着した」である。

22. 「明日は自分の部屋の掃除に取りかかろうと思う」

　get down to ～ は「～に取りかかる，集中する」という意味。したがって，この意味に最も近いのは，エ.「明日，自分の部屋の掃除を始めようと思う」である。他の選択肢は，ア.「明日は部屋の掃除を避けようと思う」，イ.「明日は部屋の掃除を終えると思う」，ウ.「明日は部屋の掃除をする動機づけをしなければいけないと思う」である。

23. 「ジョンは集中訓練プログラムを受けさせられると言った」

　be subjected to ～ は「～を受けさせられる」という意味である。したがって，この意味に最も近いのは，ア.「ジョンは集中訓練期間を経なければならないと言った」である。他の選択肢は，イ.「ジョンは集中訓練期間を送らせられたと言った」，ウ.「ジョンは集中訓練期間を計画しなければならないと私たちに言った」，エ.「ジョンは集中訓練期間の見直しをさせられたと私たちに言った」である。

24. 「誰かがそのアパートに押し入ろうとしたようだ」

　break into ～ で「～に押し入る」という意味である。したがって，この意味に最も近いのは，エ.「誰かがそのアパートに強制的に入ろうとしたようだ」である。他の選択肢は，ア.「誰かがそのアパートを破壊しようとしたようだ」，イ.「誰かが内緒でそのアパートを訪れようとしたようだ」，ウ.「誰かがそのアパートを買おうとしたようだ」である。

 **解答**　25―イ　26―エ　27―ウ　28―ア　29―エ

========================= 解説 =========================

25. (a)「意思決定や助言をするために選ばれたり，選出されたりした人々の集団」

(b)「地方議会は新しい遊具について話し合うために集まった」

　ア.「聴衆」　ウ.「集会」　エ.「観衆」

26. (a)「問題を解決するための方法または過程」

(b)「私はそれが地球温暖化を止めるための最善の解決策だと思う」

　ア.「創造物」　イ.「評価」　ウ.「試験」

27. (a)「失礼な，または不愉快な言動によって，誰かを怒らせること」

(b)「彼は友人を侮辱するつもりはなかったが，彼の言葉は本当に友人の感情を傷つけた」

　ア.「助言する」　イ.「がっかりさせる」　エ.「抵抗する」

28. (a)「困難なこと，危険なこと，苦痛を伴うことを恐れることなく試みることをいとわない」

(b)「クラスの前で発表をしたとき，彼は恐れていなかった」

　イ.「疲れ果てた」　ウ.「満足した」　エ.「傷つきやすい」

29. (a)「簡単に，ためらうことなく」

(b)「彼女は私の宿題を手伝うことを快く承諾してくれた」

　ア.「本質的に」　イ.「期待して」　ウ.「明らかに」

 **解答**　30―オ　31―ア　32―ア　33―オ　34―ア　35―イ
　　　　　36―イ　37―ウ

========================= 解説 =========================

30・31. (He) did not speak <u>loudly</u> enough to <u>be</u> heard (by all the students in the lecture hall.)

　形容詞/副詞＋enough to *do* は「～するのに十分…」という意味。loudly enough to be heard で「聞かれるのに十分大きく」となる。

32・33. Besides being <u>an elaborate</u> handcrafted work <u>to</u> (the smallest detail, the doll is valuable in terms of historical importance.)

　besides ～「～に加えて」の後には動名詞句 being an elaborate

handcrafted work「手作りされた精巧な作品であること」を続ける。to the smallest detail「細部まで」

34・35. How <u>come</u> you <u>decided</u> to join (the party, even though you did not want to?)

How come S V? で「なぜSはVするの?」という意味。decide to *do*「~することに決める」 join「~に参加する」

36・37. (Every night,) Diego was <u>found</u> <u>jogging in</u> the park to (get healthier.)

find *A doing*「*A* が~しているのを見つける」で,ここではその受動態になっている。Diego was found jogging in the park で「ディエゴは公園でジョギングしているのを見つけられた」という意味。また,to get healthier は不定詞の副詞的用法で目的を表し,「より健康になるために」の意味。

 問1.エ 問2.イ 問3.ア 問4.イ 問5.ウ
問6.エ 問7.ウ・カ (順不同)

・・・・・・・・・・・・・・・・・・・・・・・・・・・ **全 訳** ・・・・・・・・・・・・・・・・・・・・・・・・・・・

《夏時間の歴史と効果》

① 毎年春のある朝,ヨーロッパ,北米,そして世界の他の地域の人々がベッドからよろよろと起き上がり,職場や学校へと足を運ぶ。ある者は遅刻し,ある者は眠いまま出勤する。そして次の秋のある朝,彼らは目を覚まし,時計を感謝して見て,また1時間眠りにつく。

② その理由は何か? 毎年春に夏時間(DST)が始まると,前述の人々は時計を1時間進める。秋に夏時間が終わると1時間戻すのだ。それは面倒なことのように思える。そもそも,なぜ夏時間があるのだろうか? その答えは,数百年前にさかのぼる必要がある。

③ 1784年,パリでのある夏の朝,アメリカの発明家で外交官のベンジャミン=フランクリンは朝6時に目覚めた。たいてい夜遅くまで外出していたため,大半の日は正午頃まで眠っていた。当時も今も多くの人がそうであるように,彼の活動は太陽の光ではなく時計に支配されていた。しかし,その日はカーテンを閉め忘れたため,彼の部屋は朝早くからとても明るかった。彼はその日,6時間も日照時間が代償なく増えたことを喜んだ。対

照的に，彼の夜の活動には高価で煙の出るロウソクが必要だった。彼はこのことに気づき，パリの人々が全員夏の間，日の出とともにベッドを出れば，ロウソク代がどれだけ節約できるかを計算した。彼は現在の2億ドルに相当する数字をはじき出した。このような計算から，彼は年に2回時計の設定を変えることで，より効率的に日光を利用することを提案した。

④　しかし，長い間，夏時間は単なる提案のままであった。国家規模で最初に採用したのは，第一次世界大戦中の1916年のドイツだった。その頃には，発電に石炭が使われており，ドイツ政府は軍用に石炭を節約したかったのである。戦争の両陣営の他の国もすぐにこれに続いた。第二次世界大戦中，英国と米国では一年中夏時間が義務付けられた。第一次世界大戦と同様，各国政府は戦争努力のためにエネルギーを節約したかったのだ。その30年後，1973年から74年にかけての石油危機の間，米国は再び夏時間を通年に延長した。

⑤　夏時間が最初に提案されて以来，夏時間を正当化する主な理由はエネルギーの節約である。しかし，春に時計を1時間進めることは，本当にエネルギーの節約になるのだろうか？　そうかもしれない。2008年の米国政府の研究によると，夏時間によって国のエネルギー消費量は0.02％削減された。この割合は小さいように思えるが，米国は非常に多くのエネルギーを消費しているため，節約は大きくなる可能性がある。

=== 解説 ===

問1. エ.「ヨーロッパの人々のなかには，春の朝は仕事に遅刻するが，秋の朝は1時間余分に寝ることができる人もいる」が第1段全体の内容と一致する。

ア.「春のある朝，北米の人々はベッドから起き上がるのに苦労しない」は第1段第1文（One morning every …）と不一致。イ.「挙げた2つの朝のうち，北米の人々は秋の朝と比べて春の朝が好きなようだ」　第1段全体では，北米の人々は春の朝には遅刻する者や，眠いまま出勤する者がいるのに対し，秋の朝には，1時間多く眠ることができるという事実が書かれているが，「秋の朝と比べて春の朝が好きである」という記述はないため不適。ウ.「ヨーロッパの人々は秋の朝に，北米の人々にはとれない追加の1時間の睡眠をとることができる」は第1段全体より不適。特に第1段第1文（One morning every …）より，ヨーロッパ人も北米の人々

も秋には春より1時間多く眠ることができることが書かれている。

問2. イ.「数百年前にさかのぼったとしても，夏時間がある理由はいまだにはっきりしない」が第2段最終文（For answers, we …）と不一致。同文には，夏時間がある理由は数百年前にさかのぼることによってわかることが書かれている。よって，これが正解。

ア.「夏時間が終わると，ある人々は時計を1時間戻す」は第2段第3文（They move them …）と一致。ウ.「世界には，春になると時計を1時間進める人がいる」は第2段第2文（Every spring, these …）と一致。エ.「夏時間に時計を合わせなければならない習慣は不便に思える」は第2段第4文（It seems like …）と一致。

問3. ア.「フランクリンによると，1784年にパリに住んでいた人々は，夏に早起きしたのでロウソク代が2億ドル節約できたという」は第3段第7・8文（When he realized … $200 million today.）と不一致。本文に〈ベンジャミン=フランクリンの計算では，パリの人々が全員夏の間，日の出とともにベッドを出れば，ロウソク代が現在の2億ドル程度節約できることになった〉とあるが，実際に2億ドル節約できたとは書かれていない。よって，これが正解。

イ.「いつもより6時間早く起きることで，フランクリンは無料で余分な日照時間を楽しむことができた」は第3段第5文（He was delighted …）と一致。ウ.「フランクリンは前日の夜遅くまで外出することが多かったので，午後12時頃に起きることが多かった」は第3段第2文（Usually, he stayed …）と一致。エ.「最近と同じように，フランクリンが生きていた頃は，太陽の代わりに時計が人々の時間の使い方を決めていた」は第3段第3文（Like many people …）と一致。

問4. These calculations「これらの計算」とあるので，それ以前になされた計算を確認しよう。第3段第7・8文（When he realized … $200 million today.）を要約すると〈ベンジャミン=フランクリンの計算では，パリの人々が全員夏の間，日の出とともにベッドを出れば，ロウソク代が現在の2億ドル程度節約できることになった〉となり，ア.「パリの人々が睡眠習慣を変えれば，節約できたであろうロウソクの金額」，ウ.「皆が日の出とともに起きたなら，パリに住む人々が夏に節約できるロウソクの金額」，エ.「パリに住む人全員がロウソクを使うのをやめて日の出ととも

に起きれば，夏に節約できる合計の金額」は一致する。イ．「パリの人々
の大半が日の出とともにベッドから出れば，夏場に節約できたであろうロ
ウソクの金額」は大半ではなく全員なので一致せず，これが正解。

問5. ウ．「あるヨーロッパの国が軍用に石炭を節約する努力のために夏
時間を採用する以前は，夏時間は単なる提案にすぎなかった」が第4段第
1〜4文（For a long time … quickly followed suit.）と一致。

ア．「第二次世界大戦中，英国と北米では1年の大半で夏時間が必要だっ
た」は第4段第5文（During World War …）と不一致。同文には「第二
次世界大戦中，英国と米国では一年中夏時間が義務付けられた」とあり，
選択肢の「北米」という表現と，「1年の大半」という表現がそれぞれ正
しくは「米国」，「一年中」であることがわかる。イ．「ドイツが初めて夏
時間を採用してからほんの半世紀足らずで，米国は再び夏時間を一年中義
務化した」は第4段第2文（The first country …）・最終文（Thirty
years later …）と不一致。第2文では，ドイツが1916年に夏時間を最初
に採用したとあり，最終文では「1973年から74年にかけての石油危機の
間，米国は再び夏時間を通年に延長した」とある。よって，ドイツが初め
て夏時間を採用してから米国が再び夏時間を一年中義務化するまでには，
半世紀足らずではなく半世紀以上かかっている。エ．「各国が夏時間を実
行する目的は，戦争時にのみ利用されてきた」は第4段最終文（Thirty
years later …）と不一致。1973年から74年にかけての米国は石油危機の
間に夏時間を通年に延長したとあるが，戦時中ではない。

問6. エ．「夏時間が提案されて以来，エネルギーを節約することは夏時
間を採用する最大の理由となっている」が第5段第1文（Since DST
was …）と一致。

ア．「20世紀にアメリカ政府が行った調査では，夏時間はエネルギー消費
をわずかに削減できることが明らかになった」は第5段最終2文（A
2008 U. S. … so much energy.）と不一致。同文には，調査が行われたの
は2008年（21世紀）であり，夏時間が削減できるエネルギー消費も大き
いことが書かれている。イ．「アメリカではエネルギーの使用量が多いの
で，その使用割合の大きな削減が必要である」は第5段最終文
（Although the percentage …）と不一致。同文には〈米国が夏時間によ
り削減できるエネルギー消費の割合は小さいように思えるが，同国は非常

に多くのエネルギーを消費しているため，節約は大きくなる可能性がある〉という内容が書かれている。ウ．「春に時計を1時間進めるだけで，間違いなくエネルギーを節約できる」は第5段第2・3文（But does setting … Maybe.）と不一致。同文に〈春に時計を1時間進めることは，エネルギーの節約になるかもしれない〉とあるが，「間違いなく」は言い過ぎ。

問7．ウ．「夏時間の実施は，北米の人々の春と秋の睡眠時間に影響を与えてきただけである」は第1段第1・2文（One morning every … others arrive sleepy.）と不一致。夏時間の実施が，春と秋の睡眠時間に影響を与えてきたのは北米の人々だけではない。カ．「第二次世界大戦中と1970年代の石油危機では，1年に米国で夏時間が実施された日数は異なる」は第4段第5文（During World War …）・第7文（Thirty years later …）より不一致。同文より，第二次世界大戦中と1970年代の石油危機では，共に米国では夏時間が一年中実施されたことがわかる。よって，ウとカが正解。

ア．「夏時間のおかげで，ある春の朝，眠気を感じながら登校するヨーロッパ人がいる可能性が高くなる」は第1段第1・2文（One morning every … others arrive sleepy.）と一致。イ．「夏時間によって，秋のある日は睡眠時間が長くなり，春のある日は睡眠時間が短くなる人が世界中にいる」は第1段全体の内容と一致。エ．「いつもより約6時間早く起きることで，フランクリンは夏時間の恩恵を実感した」は第3段全体の内容と一致。オ．「この文章では，フランクリンが計算した節約額は現在の金額で示された」は第3段第8文（He came up …）と一致。同文では節約額が現在の2億ドルに相当することが書かれている。キ．「アメリカは多くのエネルギーを使用しているため，全体の使用量が数パーセント減少することでさえ，エネルギー消費に影響を与える可能性がある」は第5段最終2文（A 2008 U.S. … so much energy.）と一致。

2 月 11 日実施分　　問　題

(60 分)

Ⅰ　次の対話文の空所に入れるのに最も適当なものを，それぞれア〜エから一つ選べ。

〔A〕

A: Hi, Sue! Do you want to meet in town today? I'm thinking of going there.

B: Yeah, I need to go, actually. _____1_____

A: Really? I like your current one. The color matches the rest of your appliances, and it seems pretty sizeable.

B: That's true. But it's started to make a lot of weird noises and sometimes barely keeps the stuff inside it chilled.

A: I'm sorry to hear that. How are you going to decide which one you want?

B: I've pretty much already decided. _____2_____

A: Why did you decide to do that?

B: Well, I don't really trust what I read online for a start. And this seems like the most straightforward way to me.

A: I hope they have people who know what they're talking about.

B: Me, too! One thing I need to talk to them about is _____3_____ .

A: Yeah, for a big purchase like that, you may be able to negotiate a good deal.

B: I hope so! Though if I'm not able to, I'm not sure how I'll get it over to my place. I can't exactly stick it in the back of your car, can I?

A: Most certainly not! Anyway, I've got to go.

1 . ア. I can't go on much longer without buying a new oven.

　　イ. I hate to say it, but it's time that I bought a new fridge.

　　ウ. I want to buy a new washing machine that has a dryer.

　　エ. I'm afraid to admit it, but I need to buy a new dishwasher.

2 . ア. I asked my friends for their views and picked one on that basis.

　　イ. I read some reviews on some internet forums and chose that way.

　　ウ. I'm going to stick with the latest model of my current one.

　　エ. I'm going to visit a shop that I like and ask the sales staff.

3 . ア. how many membership card points they'll give me

　　イ. how much they'll charge for delivery

　　ウ. if they have an extended guarantee that I can have

　　エ. whether I can negotiate a reduction in the price

〔B〕

A: I'm really struggling to write this final 20-page essay, David. I just can't seem to focus, and it's due in less than a week.

B: I know how it feels, Tomoko. I also found it so hard to motivate myself to write such long papers when I was a student.

A: You said it. And the more I try to make myself write, the more _____4_____ .

B: Yeah, it's not healthy to let your stress build like that. Have you tried breaking your writing sessions into shorter periods?

A: Not really. I usually spend all night trying to get as much done as possible.

B: That's not good. Working gradually is the key. Have you ever _____5_____ ?

A: Actually, no. But as you suggest, it'd be helpful to have peers that I can share my thoughts with.

B： And be sure to take care of yourself physically. Get enough sleep at
night and eat well. It'll make a big difference in your ability to focus.

A： That's a good point. To be honest, _____6_____ .

B： Yeah, don't do that. And don't forget to give yourself some time to
do things you enjoy. It'll help you stay motivated and work more
efficiently.

A： I appreciate all the advice. Thanks to you, I feel a little better
already.

4． ア． ambition I have to get the highest grade possible

　　 イ． focused I feel and some great ideas come to me

　　 ウ． relaxed I am and I actually start to daydream a little

　　 エ． tense I become as I get really sweaty and anxious

5． ア． asked your teachers for some advice on how to plan your
writing

　　 イ． consulted with your parents for some tips on good writing

　　 ウ． talked with private tutors about the best writing methods

　　 エ． tried brainstorming with a group of your classmates for ideas

6． ア． I've been neglecting those things lately

　　 イ． I've been successful at doing those things recently

　　 ウ． I've never ignored those things ever

　　 エ． I've prioritized those activities as of late

Ⅱ　次の英文の空所に入れるのに最も適当な語を，ア～クから選べ。ただし，同じものを繰り返し用いてはならない。

　　More than 3 billion people worldwide depend on the oceans for survival. However, marine life is being （　7　） by human activities. First, humans （　8　） at least 8 million metric tons of used plastic products into the oceans every year. Much of this comes from factories and garbage （　9　） plants. Almost 80% of the plastic products in the oceans comes from rivers. The products break down into tiny microplastics that enter the food chain. These cause serious health problems for all living things. Overfishing is also one of the biggest problems. Humans have caught too much marine life. As a result, some types of fish are in danger of （　10　）.

　　To reduce marine plastic waste, China has banned the import of most plastic waste products from other countries since 2018. Chile became the first South American country to ban the （　11　） use of plastic bags in 2018. In Indonesia, a solar-powered machine was introduced into a busy river in Jakarta in 2019. It is （　12　） to remove 50,000 kg of plastic from the water every day. As for the overfishing problem, current international laws regulate the amount of fishing per season.

ア．designed　　　イ．discard　　　ウ．disposal
エ．extinction　　オ．remained　　カ．species
キ．threatened　　ク．widespread

出典追記：Miki Tagashira, Fergus Hann, Reiko Fujita『Making Choices』センゲージラーニング

Ⅲ　次の各英文の空所に入れるのに最も適当な語句を，ア～エから一つ選べ。

13. Ms. Smith is away on business, but I will ask her to contact you as soon as she (　　　) back.

ア．comes　　　　　　　　　　　イ．coming

ウ．will be coming　　　　　　　エ．will come

14. The party (　　　) over for at least half an hour when I arrived at the venue.

ア．being　　　イ．had been　　　ウ．is being　　　エ．was being

15. As my bicycle got a flat tire, I took it to a bicycle shop and waited there while it (　　　) by the mechanic.

ア．has been repaired　　　　　イ．has been repairing

ウ．was being repaired　　　　　エ．was to repair

16. Unfortunately, the weather was (　　　) worse than we had anticipated.

ア．even　　　イ．great deal　　　ウ．lot　　　　エ．very

17. Mary stared at the building on the hill (　　　) roof had been blown off.

ア．that　　　イ．where　　　ウ．which　　　エ．whose

18. The economy has been recovering steadily so it is time you (　　　) investing in stocks.

ア．started　　　イ．to start　　　ウ．will start　　　エ．would start

19. It is unlikely you will be released if there (　　　) evidence against you.

ア．are some　　　イ．is any　　　ウ．was few　　　エ．were no

20. There was a pile-up （　　　） 20 vehicles on the expressway, but
fortunately nobody was seriously injured.

　　ア．involved in 　　　　　　　　イ．involves
　　ウ．involving 　　　　　　　　　エ．to be involved in

Ⅳ　次の各英文の意味に最も近いものを，ア～エから一つ選べ。

21. Against his friends' expectations, Derek made it as an actor.

　　ア．Against the expectations of his friends, Derek failed as an actor.
　　イ．Derek succeeded as an actor, though his friends did not expect him
　　　　to do so.
　　ウ．Derek wanted to work as an actor, against his friends' expectations.
　　エ．Though his friends did not expect him to do so, Derek trained as an
　　　　actor.

22. The manager allowed for staff absences when she made the work
schedule.

　　ア．The manager asked about staff absences when she made the work
　　　　schedule.
　　イ．The manager considered employee absences when she made the
　　　　work schedule.
　　ウ．When the manager made the work schedule, she complained about
　　　　employee absences.
　　エ．When the manager made the work schedule, she discussed staff
　　　　absences.

23. The changes John made to his lifestyle resulted in a number of
problems with his wife.

　　ア．By making changes to his lifestyle, John avoided a number of
　　　　problems with his wife.

イ．By making changes to his lifestyle, John hid a number of problems from his wife.

ウ．The changes that John made to his lifestyle caused a number of problems with his wife.

エ．The changes that John made to his lifestyle solved a number of problems between himself and his wife.

24. Judith was taken in by the smooth-talking man she met at the party.

　ア．At the party, Judith was shocked by the smooth-talking man she met.

　イ．At the party, Judith was tricked by the smooth-talking man she met.

　ウ．Judith was disappointed by the smooth-talking guy she met at the party.

　エ．Judith was embarrassed by the smooth-talking guy she met at the party.

V　次の（a）に示される意味を持ち，かつ（b）の英文の空所に入れるのに最も適した
語を，それぞれア～エから一つ選べ。

25.（a）the feeling of having a positive opinion of someone or something
　（b）The chairperson looked to the other members of the committee
　　for（　　）.
　　　ア．approval　　　　　　　　イ．cooperation
　　　ウ．harmony　　　　　　　　エ．merit

26.（a）containing a lot of detailed information or many detailed parts
　（b）I hear（　　）preparations were made for the royal wedding in
　　June.
　　　ア．accurate　　イ．elaborate　　ウ．incredible　　エ．reasonable

27.（a）a person with exceptional intellect, creative power, or natural
　　ability
　（b）Jim was considered a（　　）when he was a student at
　　Harvard.
　　　ア．genius　　イ．physicist　　ウ．successor　　エ．vendor

28.（a）to ask somebody for something politely
　（b）We（　　）that you keep off the grass.
　　　ア．confirm　　イ．examine　　ウ．request　　エ．suppress

29.（a）to slightly damage the surface of your skin
　（b）Make sure you cut your child's nails regularly so that she will
　　not accidentally（　　）you.
　　　ア．peel　　イ．rub　　ウ．scratch　　エ．tap

Ⅵ　次の［A］〜［D］の日本文に合うように，空所にそれぞれア〜カの適当な語句を
　入れ，英文を完成させよ。解答は番号で指定された空所に入れるもののみをマーク
　せよ。なお，文頭に来る語も小文字にしてある。

［A］　この地域では，たとえわずかの時間でも，乗り物を施錠せずに放置しないこ
　　とを強く勧める。

　　　In this area, it is strongly (　　) (30) (　　) (31) (　　)
　　(　　) even a short period of time.

　　　ア．advised　　　　　イ．leave　　　　　ウ．not
　　　エ．unlocked for　　　オ．you　　　　　カ．your vehicle

［B］　これが紛失していた倉庫の鍵かどうか確信が持てない。

　　　I am not quite sure if this is (　　) (32) (　　) (　　)
　　(　　) (33).

　　　ア．key　　　　　　イ．missing　　　　ウ．the
　　　エ．the storage room　オ．we open　　　　カ．with

［C］　あなたの努力が報われると確信しているので，国民からの批判に屈してはい
　　けない。

　　　(　　) (　　) (34) (　　) (　　) (35) the public because
　　I am sure your efforts will pay off.

　　　ア．better　　　　　イ．criticism from　ウ．not
　　　エ．to　　　　　　　オ．yield　　　　　カ．you had

［D］　開発の段階で予期せぬ試練に直面したにもかかわらず，私たちのプロジェク
　　トはうまくいった。

　　　Our project went (36) (　　) (　　) (37) (　　) (　　)
　　the development process.

　　　ア．challenges　　　イ．despite　　　　ウ．facing
　　　エ．successfully　　　オ．throughout　　カ．unexpected

Ⅶ   次の英文を読み，あとの問いに答えよ。

　　Most people feel lonely sometimes, but it usually only lasts between a few minutes and a few hours. This kind of loneliness is not serious. In fact, it is quite normal. For some people, though, loneliness can last for years. Psychologists are studying this complex phenomenon in an attempt to better understand long-term loneliness. These researchers have already identified three different types of loneliness.

　　The first kind of loneliness is temporary. This is the most common type. It usually disappears quickly and does not require any special attention. The second kind, situational loneliness, is a natural result of a
₍₃₉₎
particular situation — for example, a divorce, the death of a loved one, moving to a new place, or going away to college. Although this kind of loneliness can cause physical problems, such as headaches and sleeplessness, it usually does not last for more than a year. Situational loneliness is easy to understand and to predict.

　　The third kind of loneliness is the most severe. Unlike the second type, chronic loneliness usually lasts more than two years and has no specific cause. People who experience habitual loneliness have problems socializing and becoming close to others. Unfortunately, many chronically lonely people think there is little or nothing they can do to improve their condition.

　　Psychologists agree that one important factor in loneliness is a person's social contacts, e.g. friends, family members, coworkers, etc. We
₍₄₂₎
depend on various people for different reasons. For instance, our families give us emotional support, our parents and teachers give us guidance, and our friends share similar interests and activities. However, psychologists have found that the number of social contacts we have is not the only reason for loneliness. It is more important how many social contacts we think or expect we should have. In other words, though lonely people may have many social contacts, they sometimes feel they

should have more. They question their own popularity.

Most researchers agree that the loneliest people are between the ages of 18 and 25, so a group of psychologists decided to study a group of college freshmen. They found that more than 50 percent of the freshmen were situationally lonely at the beginning of the semester as a result of their new circumstances, but adjusted after a few months. Thirteen percent were still lonely after seven months due to shyness and fear. They felt very uncomfortable meeting new people, even though they understood that their fear was not rational. The situationally lonely freshmen overcame their loneliness by making new friends, but the chronically lonely remained unhappy because they were afraid to do so.

問1　本文の第1段落の内容に合うものとして最も適当なものを，ア〜エから一つ選べ。(38)

ア．Experiencing occasional feelings of loneliness is not serious and is considered uncommon.

イ．It is rare for people to feel lonely, and these feelings typically do not persist for more than a few hours.

ウ．Though long-lasting loneliness is complex, it is yet to be researched by medical professionals.

エ．While loneliness is typically brief, there are some people who can experience prolonged loneliness that lasts for years.

問2　下線部(39)の内容に合わないものを，ア〜エから一つ選べ。

ア．Situational loneliness arises from specific circumstances such as relocating to a new place or attending college away from home.

イ．Situational loneliness does not induce physical symptoms such as headaches or sleeplessness.

ウ．Situational loneliness is a phenomenon that can be readily understood and foreseen.

エ．Situational loneliness typically persists for a duration of one

出典追記：Miwako Yamashina, Mitsuru Yokoyama, Yasuko Okino 『Reading Choice, New Edition』 センゲージラーニング

year at most.

問3　本文の第3段落の内容に合うものとして最も適当なものを，ア〜エから一
　　　つ選べ。(40)

　　ア．A lot of people experiencing chronic loneliness think that there
　　　are either few or no solutions available to ease their condition.

　　イ．Chronic loneliness is distinguished from situational loneliness, as
　　　it does not usually continue for more than two years.

　　ウ．Like situational loneliness, chronic loneliness often has a
　　　particular identifiable cause.

　　エ．People who suffer from ongoing loneliness are still able to
　　　socialize and establish close connections with others without
　　　difficulty.

問4　本文の第4段落の内容に合うものとして最も適当なものを，ア〜エから一
　　　つ選べ。(41)

　　ア．According to psychologists, loneliness is solely determined by the
　　　number of social contacts people have.

　　イ．Psychologists have yet to find an association between loneliness
　　　and an individual's perception of how well-liked they are.

　　ウ．Regardless of the number of social contacts that lonely
　　　individuals feel that they have, they tend to wish that they had
　　　even fewer.

　　エ．What matters more than the quantity of social contacts is the
　　　number people think they ought to have.

問5　下線部(42)の内容に合わないものを，ア〜エから一つ選べ。

　　ア．Advice that is received from teachers is one example of this.

　　イ．An example of this is when two individuals find they have
　　　nothing in common.

　　ウ．Emotional assistance that individuals receive from their families is an example of this.

エ. One example of this is being able to receive guidance from one's parents.

問6 本文の第5段落の内容に合うものとして最も適当なものを，ア～エから一つ選べ。(43)

ア. Fewer than half of the first-year students felt situational loneliness upon starting their first semester.

イ. Loneliness persisted among 13% of the first-year students after seven months due to social anxiety and uneasiness.

ウ. No difference was observed between situationally lonely and chronically lonely first-year students in terms of their loneliness fading.

エ. The study found that 13% of first-year students continued to feel uneasy when meeting new people, despite being unaware of their irrational fear.

問7 本文の内容と合わないものを，ア～キから二つ選び，(44)と(45)に一つずつマークせよ。ただし，マークする記号（ア，イ，ウ，...）の順序は問わない。

ア. Researchers have identified the most common type of loneliness as temporary, which is the first among the three types mentioned.

イ. The first type of loneliness discussed is generally brief and does not require any specific attention to be resolved.

ウ. Researchers consider the third type of loneliness as the least serious among the three that have been identified.

エ. Scientists support the idea that a person's social interactions, including their relationships with friends, are a crucial factor in loneliness.

オ. Most researchers recognize that the highest level of loneliness is observed during the period from 18 to 25 years old.

カ．A few months after the beginning of the semester, a majority of the first-year students who initially experienced situational loneliness managed to adjust.

キ．Despite their having created new social networks, the situationally lonely first-year students still struggled with loneliness.

2月11日実施分

解　答

（A）　1 ―イ　2 ―エ　3 ―イ
（B）　4 ―エ　5 ―エ　6 ―ア

.... 全　訳 ....

〔A〕《冷蔵庫の買い替えについて話す友人同士》

A：やあ，スー！　今日，街で会わない？　そこに行こうと思っているんだ。

B：ああ，実は行かなきゃいけないの。言いにくいんだけど，もう新しい冷蔵庫を買う頃なの。

A：そうなの？　私は今のあなたのが気に入ってるの。色も他の家電と合ってるし，大きさもかなり大きいし。

B：そうね。でも，変な音がするようになったし，中のものがほとんど冷えないこともあるんだ。

A：それはお気の毒だね。どうやってどれにするか決めるの？

B：もうほとんど決めたわ。気に入ったお店に行って，店員さんに聞いてみるよ。

A：どうしてそうしようと思ったの？

B：ええっと，まず，ネットの情報があまり信用できないの。この方法が一番わかりやすいと思うし。

A：その店に商品に詳しい人がいるといいなと思うんだけど。

B：私もよ！　店員に聞く必要がある一つのことは，配送料がいくらかだね。

A：そうだね，大きな買い物だから，かなり交渉できるかもしれないね。

B：そうだといいな！　でも，もしそれができなかったら，どうやって私の家まで運ぶかわからないわ。あなたの車の後部座席に突っ込むわけにはいかないでしょう？

A：もちろん無理だよ！　とにかく，もう行かなくちゃ。

〔B〕《エッセイ執筆に関するアドバイス》

A：最後の 20 ページのエッセイを書くのにとても苦労しているの，デイ

ビッド。集中できなくて，それの締め切りは一週間以内なの。

B：気持ちはわかるよ，トモコ。僕も学生時代，こんなに長い論文を書く意欲を上げるのはとても大変だったんだ。

A：確かにそうだね。それに，無理に書こうとすればするほど，汗だくになって不安になるくらいにますます緊張してしまうの。

B：そうだね，そうやってストレスをため込むのは健康的じゃないね。書く時間を短く区切ってみたことはある？

A：あまりないわ。たいてい一晩中，できるだけ多くのことを書き上げようとしているの。

B：それはよくないね。少しずつ作業するのが鍵だよ。クラスメートのグループとブレインストーミングをしてアイデアを出し合ってみたことはある？

A：実はないの。でもあなたが言うように，自分の考えを共有できる仲間がいると助かるわ。

B：それと，くれぐれも体にも気を付けないと。夜は十分な睡眠をとり，よく食べること。そうすることで，集中力に大きな違いが出てくるよ。

A：いい指摘ね。正直，最近そういうことを怠っていたんだ。

B：う〜ん，それはやめておこう。自分が楽しいことをする時間を作ることも忘れないで。そうすれば意欲も保てるし，仕事の効率も上がるよ。

A：たくさんのアドバイスをありがとう。おかげで，もう，少し気分が良くなったわ。

===== 解説 =====

〔A〕　1．Bの2つ目の発言で，「変な音がするようになったし，中のものがほとんど冷えないこともあるんだ」とあることから，冷蔵庫が故障したと考えることができる。よって，イ．「言いにくいんだけど，もう新しい冷蔵庫を買う頃なの」が正解。他の選択肢は，ア．「新しいオーブンを買わずにこれ以上長くは過ごすことはできない」，ウ．「乾燥機付きの新しい洗濯機を買いたいの」，エ．「認めたくないけれど，新しい食器洗い機を買う必要があるの」である。

2．Bの4つ目の発言より，インターネットの情報からどの冷蔵庫を買うかを決めるのではないことがわかる。また，Aの5つ目の発言に，「その店に商品に詳しい人がいるといいなと思うんだけど」とあり，直後のBの

発言で「私もよ！」とあることから，エ．「気に入ったお店に行って，店員さんに聞いてみるよ」が正解だとわかる。他の選択肢は，ア．「友人に意見を聞き，それに基づいて選んだ」，イ．「インターネットの掲示板で評判を読んで，選んだ」，ウ．「今使っているものの最新モデルにこだわるつもりなんだ」である。

3． Bが店員に聞く必要があることを問う問題。Aの6つ目の発言に「大きな買い物だから，かなり交渉できるかもしれないね」とあり，Bが何かしら交渉しようとしていることがわかる。また，続くBの発言で「でも，もしそれができなかったら，どうやって私の家まで運ぶかわからないわ。あなたの車の後部座席に突っ込むわけにはいかないでしょう？」とあることから，正解はイ．「配送料がいくらか」が正解。配送料の交渉がうまくいかなかった場合の配送の心配をしていると考えれば文意が通る。他の選択肢は，ア．「会員カードのポイントが何ポイントつくか」，ウ．「延長保証があるかどうか」，エ．「値下げ交渉ができるかどうか」である。

〔B〕　4． Aが無理に（エッセイを）書こうとすればするほど，どうなるかを問う問題。直後のBの発言「そうやってストレスをため込むのは健康的じゃないね」より，エ．「汗だくになって不安になるくらいにますます緊張してしまう」が正解。他の選択肢は，ア．「できるだけいい成績を取りたいという野心が出てくる」，イ．「ますます集中し，すばらしい考えを思いつく」，ウ．「ますますリラックスし，実際少し空想し始める」であり，ストレスをため込んでいる記述がないため不適。

5． 直後のAの発言に，「でもあなたが言うように，自分の考えを共有できる仲間がいると助かるわ」とあることから，エ．「クラスメートのグループとブレインストーミングをしてアイデアを出し合ってみた」が正解。自分一人でアイデアを出すことが難しい場合もあることに会話の中で気づいたと考えられる。他の選択肢は，ア．「先生に，執筆計画の立て方についてアドバイスを求めた」，イ．「良い文章を書くコツを親に相談した」，ウ．「家庭教師に最適な書き方について話した」である。

6． 直後のBの発言「それはやめておこう」より，空所には改めるべき内容が入るとわかる。よって，ア．「最近そういうことを怠っていた」が正解。他の選択肢は，イ．「最近そのようなことをするのに成功している」，ウ．「今まで一度もそれらを無視したことはない」，エ．「最近それらの活

動を優先してきた」である。

 **解 答** 7─キ 8─イ 9─ウ 10─エ 11─ク 12─ア

━━━━━━━━━━━━━━━━━━━━ 全 訳 ━━━━━━━━━━━━━━━━━━━━

《海洋生物を守るための取り組み》

1 世界で30億人以上の人々が生存を海に依存している。しかし，海洋生物は人間の活動によって脅かされつつある。まず，人間は毎年少なくとも80億kgの使用済みプラスチック製品を海に捨てている。この多くは工場やごみ処理場から来る。海中のプラスチック製品の80％近くは河川から来る。プラスチック製品は分解されて小さなマイクロプラスチックとなり，食物連鎖に入り込む。これらはすべての生物に深刻な健康問題を引き起こす。乱獲も大きな問題のひとつだ。人間は海洋生物を取りすぎた。その結果，ある種の魚は絶滅の危機に瀕している。

2 海洋プラスチック廃棄物を削減するため，中国は2018年から他国からのほとんどのプラスチック廃棄物製品の輸入を禁止している。チリは2018年，南米で初めてレジ袋の広範囲での使用を禁止した。インドネシアでは2019年，ジャカルタの交通量の多い河川に太陽光発電の機械が導入された。この機械は毎日5万kgのプラスチックを水から除去するように設計されている。乱獲問題に関しては，現在の国際法が季節ごとの漁獲量を規制している。

━━━━━━━━━━━━━━━━━━━━ 解 説 ━━━━━━━━━━━━━━━━━━━━

空所補充問題では，和訳と品詞の両面を考慮することが重要である。各選択肢の品詞は以下の通り。ア．designed は動詞の過去形，または過去分詞形。イ．discard は動詞の原形，または現在形。ウ．disposal は名詞。エ．extinction は名詞。オ．remained は動詞の過去形，または過去分詞形。カ．species は名詞。キ．threatened は動詞の過去形，または過去分詞形。ク．widespread は形容詞。

7. 空所を含む文の構造を考えると，marine life が主語，is being（ 7 ）が動詞，by human activities が副詞句。空所直後に by「～によって」があることから，空所には動詞の過去分詞形が入る。よって，ア．designed「設計された」，オ．remained「残った」，キ．threatened「脅

かされた」に絞られる。また，空所を含む文の和訳は「しかし，海洋生物は人間の活動によって（　7　）つつある」となり，文意が通るのはキ．threatened「脅かされた」のみ。

8. 空所を含む文の構造を分析すると，humans が主語，（　8　）が動詞，at least 8 million metric tons of used plastic products が目的語。また文末に every year「毎年」とあることから，空所には動詞の現在形が入る。よって，正解はイ．discard「捨てる」。

9. 空所を含む文の前文には「まず，人間は毎年少なくとも 80 億 kg の使用済みプラスチック製品を海に捨てている」とあり，空所を含む文には「この多くは工場やごみ（　9　）場から来る」とある。選択肢の中で文意が通じるのはウ．disposal「処理」のみ。プラスチック製品は工場やごみ処理場から来ると考えると文意が通る。

10. 空所の直前には前置詞 of があるため，空所には名詞が入る。ウ．disposal は空所（9）の解答であることから，エ．extinction「絶滅」，カ．species「種」に絞られる。また，空所を含む文の和訳は「その結果，ある種の魚は（　10　）の危機に瀕している」となり，文意が通るのはエ．extinction「絶滅」のみ。

11. 空所直前には冠詞 the があり，空所直後には名詞 use があることから，空所には形容詞的な要素が入ると考えられる。キ．threatened が空所（7）の解答であることから，過去分詞形のア．designed「設計された」とオ．remained「残った」，形容詞のク．widespread「広く行き渡った」に絞られる。ここで，空所を含む文の和訳を確認すると「チリは 2018 年，南米で初めてレジ袋の（　11　）使用を禁止した」で，文意が通るのはク．widespread「広く行き渡った」のみ。

12. これまでの解答より，残っている選択肢は動詞の過去形・過去分詞形のア．designed「設計された」，動詞の過去形・過去分詞形であるオ．remained，名詞のカ．species「種」。空所の直前には is があるため，受動態の形をとらないオ．remained は不適。ここで，空所を含む文の和訳を確認すると「この機械は毎日 5 万 kg のプラスチックを水から除去するように（　12　）」であり，文意が通るのはア．designed「設計された」のみ。

Ⅲ **解答** 13―ア 14―イ 15―ウ 16―ア 17―エ 18―ア
19―イ 20―ウ

━━━━━ **解説** ━━━━━

13.「スミスさんは仕事で不在ですが，戻り次第連絡するよう頼んでおきます」

時・条件を表す副詞節では未来のことも現在形で表すという規則より，ウ. will be coming，エ. will come は不適で，ア. comes が正解。イ. coming では as soon as 以降に述語動詞がなくなるため文構造が成り立たず不適。

14.「私が会場に着いたとき，パーティーは少なくとも30分前には終わっていた」

when I arrived at the venue とあるので，「私が会場に着いたとき」を基準に考えると，パーティーが終わったのはそれより以前。よって，主節の時制は過去完了形を用いたイ. had been が正解。

15.「自転車がパンクしたので，私はそれを自転車屋に持って行き，修理工が修理している間，そこで待っていた」

主節の動詞である waited「待っていた」と，空所を含む従属節「自転車が修理工に修理されている」の時制は同時なので，基本時制は過去となる。よって，ウ. was being repaired，エ. was to repair に絞られる。また，「it（＝自転車）は修理される」という受動関係があるので，エ. was to repair は不適。よって，ウ. was being repaired が正解。

16.「残念ながら，天気は予想していたよりもさらに悪かった」

比較級の前において，強調したり程度を表すことができる語句を問う問題である。ア. even は比較級の前において「さらに」という意味になり比較級を強調できる。イ. great deal は a great deal「はるかに」であれば正解。ウ. lot は a lot「ずっと」であれば正解。エ. very では比較級は強調できない。

17.「メアリーは屋根が吹き飛ばされた丘の上の建物をじっと見つめた」

関係代名詞の問題では元の2文を確認しよう。ここでは，Mary stared at the building on the hill. と Its roof had been blown off. で，Its を所有格の関係代名詞に置き換えて2文を結合する。よって，エ. whose が正解。

18.「景気は着々と回復しているので，あなたは株に投資し始めるころだ」

　It is time S V（過去形）「S は V するころだ」という表現の知識を問う問題。ア．started が正解。

19.「あなたに不利な証拠があれば，あなたが釈放される可能性は低い」

　evidence は不可算名詞であることより，ウ．was few は不適。few は可算名詞とともに用いる。また，there is〔are〕～ の be 動詞は主語によって決定する。本問では evidence が不可算名詞であり，単数扱いなので，ア．are some，エ．were no は不適。よって，イ．is any が正解。

20.「高速道路で車 20 台を巻き込む玉突き事故があったが，幸いなことに重傷者はいなかった」

　pile-up は名詞で「玉突き事故」。involve「～を巻き込む」を現在分詞として用いているウ．involving が正解。involved in ～「～に関係して」が用いられているア．involved in，エ．to be involved in は文意が通らない。すでに was という述語動詞があるため述語動詞であるイ．involves は不適。

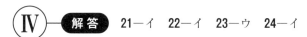

Ⅳ　**解答**　21―イ　22―イ　23―ウ　24―イ

=== **解説** ===

21.「友人たちの予想に反して，デレクは俳優として成功した」

　make it は「成功する」という意味。したがって，この意味に最も近いのはイ．「友人たちは彼がそうなると予想していなかったが，デレクは俳優として成功した」である。他の選択肢は，ア．「友人たちの期待に反して，デレクは俳優として失敗した」，ウ．「デレクは友人たちの期待に反して，俳優として働きたいと思った」，エ．「友人たちは彼がそうするとは予想していなかったが，デレクは俳優として訓練を受けた」である。

22.「その管理者は勤務表を作るとき，スタッフの不在を考慮した」

　allow for ～ は「～を考慮に入れる」という意味。したがって，この意味に最も近いのはイ．「その管理者は勤務表を作成する際に従業員の不在を考慮した」である。他の選択肢は，ア．「その管理者は勤務表を作る際にスタッフの不在について尋ねた」，ウ．「その管理者は勤務表を作る際に従業員の不在について文句を言った」，エ．「その管理者が勤務表を作った

とき，彼女は従業員の不在について話し合った」である。

23.「ジョンが生活スタイルを変えた結果，妻との多くの問題が生じた」

result in ～ は「～という結果になる」という意味。したがって，この意味に最も近いのはウ．「ジョンが生活スタイルを変えたことで，妻との間に多くの問題が生じた」である。他の選択肢は，ア．「ジョンは自分の生活スタイルを変えることで，妻との多くの問題を回避した」，イ．「ジョンは自分の生活スタイルを変えることで，妻から多くの問題を隠した」，エ．「ジョンの生活スタイルの変化は，彼と妻との間の多くの問題を解決した」である。

24.「ジュディスはパーティーで出会った口がうまい男にだまされた」

take in ～ は「～をだます」という意味。したがって，この意味に最も近いのはイ．「パーティーで，ジュディスは出会った口がうまい男にだまされた」である。他の選択肢は，ア．「パーティーで，ジュディスは出会った口がうまい男にショックを受けた」，ウ．「ジュディスはパーティーで出会った口がうまい男に失望した」，エ．「ジュディスはパーティーで出会った口がうまい男に恥をかかされた」である。

 **解 答** 25―ア　26―イ　27―ア　28―ウ　29―ウ

━━━━━━━━━━━ **解 説** ━━━━━━━━━━━

25. (a)「誰かまたは何かに対して肯定的な意見を持つ気持ち」

(b)「委員長は委員会の他のメンバーに承認を求めた」

イ．「協力」　ウ．「調和」　エ．「長所」

26. (a)「多くの詳細な情報または多くの詳細な部分を含むこと」

(b)「6月の皇室の結婚のために入念な準備がなされたと聞いている」

ア．「正確な」　ウ．「信じられない」　エ．「合理的な」

27. (a)「特に優れた知性，創造力，生まれつきの才能を持つ人」

(b)「ジムはハーバード大学の学生だった頃，天才とみなされていた」

イ．「物理学者」　ウ．「後継者」　エ．「販売業者」

28. (a)「誰かに何かを丁重に頼むこと」

(b)「我々は芝生に近寄らないようにお願いする」

ア．「確認する」　イ．「調べる」　エ．「抑える」

29. (a)「皮膚の表面を少し傷つけること」

(b)「子どもが誤ってあなたを引っかかないように，定期的に子どもの爪を切るようにしましょう」

　ア.「はがす」　イ.「こする」　エ.「軽くたたく」

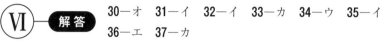

Ⅵ　**解答**　30—オ　31—イ　32—イ　33—カ　34—ウ　35—イ
　　　　　　36—エ　37—カ

══════════════ 解 説 ══════════════

30・31. (In this area, it is strongly) advised <u>you</u> not <u>leave</u> your vehicle unlocked for (even a short period of time.)

　要求・主張・命令・提案などを示す動詞の後の that 節では，動詞の形は原形，または should＋原形となる。ここでは advise that …「…と勧める」という表現を受動態にし，形式主語構文を用いている。また，接続詞 that は省略されている。よって，advised 以下は動詞の形は原形，または should＋原形となる。選択肢に should は含まれず，動詞の原形は leave のみ。leave の主語は you であり，you leave という文ができる。また，否定語 not は動詞の原形 leave の直前に置き，you not leave とする。leave は leave O C「O を C のままにしておく」の意味で，leave your vehicle unlocked で「乗り物を施錠されていないままにしておく」の意味。

32・33. (I am not quite sure if this is) the <u>missing</u> key we open the storage room <u>with</u>(.)

　I am not quite sure if S V で「S が V するかどうか確信が持てない」の意味。the missing key「紛失した鍵」の直後には目的格の関係代名詞 which〔that〕が省略されている。we open the storage room は「我々が倉庫を開ける」の意味。元々 we open the storage room with the key という表現があり，the key が目的格の関係代名詞 which〔that〕に代わり省略されたと考えれば，with が最後に置かれる理由がわかる。

34・35. You had better <u>not</u> yield to <u>criticism from</u> (the public because I am sure your efforts will pay off.)

　had better not *do* で「～しないほうがいい」という意味。not の位置に注意。yield to ～「～に屈する」　criticism from ～「～からの批判」

36・37. (Our project went) <u>successfully</u> despite facing <u>unexpected</u>

challenges throughout (the development process.)

　Our project went successfully で「私たちのプロジェクトはうまくいった」となる。前置詞 despite「〜にもかかわらず」の後には名詞的な要素が必要なので，ここでは動名詞句 facing unexpected challenges「予期せぬ試練に直面すること」とする。throughout「〜の間中」

問1. エ　**問2.** イ　**問3.** ア　**問4.** エ　**問5.** イ
問6. イ　**問7.** ウ・キ（順不同）

〜〜〜〜〜〜〜〜〜〜〜〜〜〜〜〜 **全訳** 〜〜〜〜〜〜〜〜〜〜〜〜〜〜〜〜

《3種類の孤独感について》

① たいていの人は孤独を感じることがあるが，普通は数分から数時間しか続かない。このような孤独感は深刻なものではない。実際，それはごく普通のことだ。しかし，一部の人にとっては孤独感が何年も続く。心理学者たちは，長期的な孤独感をよりよく理解しようと，この複雑な現象を研究している。この研究者たちは，すでに3種類の孤独感を特定している。

② 第一の種類の孤独感は一時的なものである。これは最も一般的なタイプである。通常はすぐに消え去り，特別な注意を払う必要はない。第二の種類である状況により生じる孤独感は，特定の状況，例えば離婚，愛する人の死，新しい土地への引っ越し，大学への進学などの自然な結果である。この種の孤独感は，頭痛や不眠などの身体的な問題を引き起こすことがあるが，通常は1年以上続くことはない。ある状況により生じる孤独感は理解しやすく，予測もしやすい。

③ 第三の種類の孤独感は最も深刻である。第二の孤独感とは異なり，慢性的な孤独感はたいてい2年以上続き，特別な原因はない。習慣的な孤独感を経験する人は，人付き合いや他人と親しくなることに問題がある。残念なことに，慢性的に孤独な人の多くは，自分の状態を改善するためにできることはほとんど，もしくは何もないと考えている。

④ 心理学者たちは，孤独感の重要な要因のひとつは，その人の社会的な人付き合い，例えば友人，家族，同僚などであるということに同意している。私たちはさまざまな理由でさまざまな人に依存している。例えば，家族は精神的な支えとなり，両親や教師は私たちを指導し，友人は同じような興味や活動を共有する。しかし，心理学者たちは，私たちが持つ社会的接触

の数だけが孤独感の理由ではないことを発見した。私たちがどれだけ多く
の社会的接触を持つべきだと考えているか，あるいは期待しているかのほ
うがより重要である。言い換えると，孤独な人は多くの社会的接触を持っ
ているかもしれないが，もっと持つべきだと感じることがある。彼らは自
分の人気を疑うのだ。

⑤　ほとんどの研究者たちは，最も孤独な人々は18歳から25歳の間である
ということに同意しているので，心理学者たちのグループは大学の新入生
の集団を研究することを決めた。50％以上の新入生が，学期初めは新し
い環境の結果，状況的に孤独であったが，数カ月後には順応したと彼らは
わかった。13％は，内気と恐怖のために7カ月後も変わらず孤独であっ
た。彼らは，自分の恐怖心が理性的なものではないと理解していたけれど
も，新しい人に会うのがとても不快だと感じていた。状況的に孤独な新入
生は，新しい友人を作ることで孤独感を克服したが，慢性的に孤独な新入
生は，そうすることを恐れていたため，不幸なままであった。

========================= 解　説 =========================

問1．エ．「孤独感は一般的に短時間だが，何年も続く長期の孤独感を経
験する人もいる」は第1段第1文（Most people feel …）「たいていの人
は孤独を感じることがあるが，普通は数分から数時間しか続かない」と，
同段第4文（For some people …）「しかし，一部の人にとっては孤独感
が何年も続く」と一致。

ア．「時折孤独感を経験することは深刻なことではなく，まれなことと見
なされている」は第1段第2・3文（This kind of … is quite normal.）
と不一致。イ．「人が孤独を感じることはまれであり，この感情は通常数
時間以上続くことはない」は第1段第3文（In fact, it …）と不一致。同
文には「実際，それ（数分から数時間孤独を感じること）はごく普通のこ
となのだ」とある。ウ．「長く続く孤独感は複雑だが，医学の専門家によ
る研究はまだなされていない」は第1段第5文（Psychologists are
studying …）「心理学者たちは，長期的な孤独感をよりよく理解しようと，
この複雑な現象を研究している」と不一致。

問2．イ．「ある状況により生じる孤独感は，頭痛や不眠といった身体的
症状を引き起こさない」は第2段第5文（Although this kind …）「この
種の孤独感は，頭痛や不眠などの身体的問題を引き起こすことがあるが，

通常は1年以上続くことはない」と不一致。よって，これが正解。

ア．「ある状況により生じる孤独感は，新しい土地への転居や，家から離れた大学に通うことのような特定の状況から生じる」は第2段第4文（The second kind …）と一致。ウ．「ある状況により生じる孤独感は，容易に理解でき，予見できる現象である」は第2段最終文（Situational loneliness is …）と一致。エ．「ある状況により生じる孤独感は通常，長くて1年間持続する」は第2段第5文（Although this kind …）と一致。

問3．ア．「多くの慢性的な孤独感を経験している人は，自分の状態を和らげる妥当な解決策はほとんどないか，まったくないと考えている」は第3段最終文（Unfortunately, many chronically …）と一致。

イ．「慢性的な孤独感は，たいてい2年以上は続かないので，ある状況により生じる孤独感とは区別される」は第3段第2文（Unlike the second …）と不一致。同文には「慢性的な孤独感はたいてい2年以上続く」と書かれている。ウ．「ある状況により生じる孤独感のように，慢性的な孤独感にも特定の識別できる原因があることが多い」は第3段第2文（Unlike the second …）と不一致。同文には「第二の孤独感（ある状況により生じる孤独感）とは異なり，慢性的な孤独感には特別な原因はない」とある。エ．「継続的な孤独感に悩まされる人は，それでも社交的で，他人と親密なつながりを築くことは問題なくできる」は第3段第3文（People who experience …）「習慣的な孤独感を経験する人は，人付き合いや他人と親しくなることに問題がある」と不一致。

問4．エ．「社会的接触の量よりも重要なのは，人々が持つべきだと考える社会的接触の数である」は第4段第5・6文（It is more … should have more.）と一致。ア．「心理学者たちによれば，孤独感は単に人々が持つ社会的接触の数によって決まる」は第4段第4文（However, psychologists have …）「しかし，心理学者たちは，私たちが持つ社会的接触の数だけが孤独感の理由ではないことを発見した」と不一致。イ．「心理学者たちは，孤独感と，自分がどれだけ好かれているかという個人の認識との関連性をまだ見出していない」は第4段最終2文（In other words, … their own popularity.）と不一致。同文には，心理学者たちの発見によると，孤独な人は自分の人気を疑うことが書かれている。ウ．「孤独な人は，自分が持っていると感じる社会的接触の数に関係なく，社

会的接触がさらにより少なければいいのにと思う傾向がある」は第４段第６文（In other words, …）と不一致。

問５. イ.「この一例は，２人の人が自分たちに共通点がないことに気づくときである」は第４段第３文（For instance, our …）「例えば，家族は精神的な支えとなり，両親や教師は私たちを指導し，友人は同じような興味や活動を共有する」と不一致。よって，これが正解。

ア.「教師から受ける助言はこの一例である」，ウ.「個人が家族から受ける精神的な支援はこの一例である」，エ.「この一例は親から指導を受けられることができることだ」は第４段第３文と一致。

問６. イ.「１年生の13％が７カ月後も社会的不安や心配から孤独感が続いた」は第５段第３文（Thirteen percent were …）と一致。

ア.「１年生の半数以下は，１学期が始まるとすぐにある状況により生じる孤独を感じていた」は第５段第２文（They found that …）「50％以上の新入生が，学期初めは新しい環境の結果，状況的に孤独であったが，数カ月後には順応したと彼らはわかった」と不一致。ウ.「状況的な孤独感を持つ１年生と慢性的な孤独感を持つ１年生の間で，孤独感の薄れ方に差は見られなかった」は第５段最終文（The situationally lonely …）「状況的に孤独な新入生は，新しい友人を作ることで孤独感を克服したが，慢性的に孤独な新入生は，そうすることを恐れていたため，不幸なままであった」と不一致。エ.「１年生の13％が，不合理な恐怖を自覚していないにもかかわらず，初対面の人に会ったときに不安を感じ続けていることが研究からわかった」は第５段第４文（They felt very …）「彼らは，自分の恐怖心が理性的なものではないと理解していたけれども，新しい人に会うのがとても不快だと感じていた」と不一致。

問７. ウ.「研究者たちは，３つ目のタイプの孤独感は，これまで特定された３つのタイプの中で最も深刻度の低いものだと考えている」は第３段第１文（The third kind …）「第三の種類の孤独感は最も深刻である」と不一致。キ.「新しい社会的ネットワークを作ったにもかかわらず，状況的に孤独な１年生は依然として孤独感と闘っている」は第５段最終文（The situationally lonely …）と不一致。同文には「状況的に孤独な新入生は，新しい友人を作ることで孤独感を克服した」とある。よって，ウとキが正解。

ア.「研究者たちは，孤独感の最も一般的なタイプを一時的なものとし，言及された3つのタイプの中で一番目のものである」は第1段第2文（This kind of …）と一致。イ.「最初に説明した孤独感のタイプは一般的に短時間で，解決するために特別な注意を払う必要はない」は第2段第3文（It usually disappears …）と一致。エ.「科学者たちは，友人との関係を含む，その人の社会的ふれあいが孤独感の重要な要因であるという考えを支持している」は第4段第1文（Psychologists agree that …）と一致。オ.「ほとんどの研究者たちは，18歳から25歳までの期間に最も高いレベルの孤独感が観察されると認識している」は第5段第1文（Most researchers agree …）と一致。カ.「学期が始まって数カ月後，最初はある状況により生じる孤独感を経験した1年生の大半が，なんとか適応した」は第5段第2文（They found that …）と一致。

（60 分）

Ⅰ　次の対話文の空所に入れるのに最も適当なものを，それぞれア～エから一つ選べ。

〔A〕

A : Hey, Yuki! Are you going to the barbecue party this coming Saturday?

B : Yes. I was planning on it. Have you checked the weather forecast for this weekend?

A : Yeah, it looks like it'll be cloudy with a 50 percent chance of rain.

B : Well, it could go either way. _____1_____

A : Yes, let's stay optimistic! What're you planning on bringing to the barbecue?

B : I'm going to bring some potato chips, some chicken, and some shrimp. I think Hana is bringing some beef and pork.

A : There'll probably be a lot of meat, so maybe I'll bring some vegetables.

B : That's a good idea.

A : _____2_____

B : That's a great question. Corn, onions, and mushrooms are always best with grilled meat.

A : I agree. I think I'll pick some up at a supermarket on the way to the barbecue. Do you know if there's one nearby?

B : I'm not sure. _____3_____

A : That'd be very helpful. Thank you for checking!

1 . ア. It'll definitely rain according to the forecast.

イ．Let's check the weather again on Sunday.

ウ．Let's hope it works out for the best.

エ．There's no doubt that it'll be rainy.

2．ア．What're Hana's favorite vegetables?

イ．What's the best way to season vegetables?

ウ．Which vegetables are suitable for a barbecue?

エ．Why don't we make a healthy salad?

3．ア．I don't know that area well, but there should be one around.

イ．Maybe you should ask somebody at the station when you arrive.

ウ．Should I go by your house and give you a ride to the supermarket?

エ．Would you like me to look up the nearest supermarket on my smartphone?

〔B〕

A：Fernando, have you ever thought about starting your own personal video channel on the internet?

B：Yeah, actually, I have! I've always been interested in creating videos and maybe even becoming famous one day.

A：That's awesome! ____4____

B：Seriously? What kind of videos are you interested in making?

A：I want to make videos about things I'm passionate about, like music, gaming, and cooking.

B：That's interesting. Maybe we can collaborate on some videos, too, to make them even more interesting.

A：Definitely! How about we ____5____ ?

B：Sounds like a plan! Who should we give it to?

A：We can start by giving it to our classmates. And we should also find ways to attract an audience.

B： That's a great idea. We could interact with our viewers by responding to comments and creating polls to get their feedback.

A： _____6_____

B： That's exactly right, because increasing viewers is important if we want to become famous!

4．ア． I would never try to do anything like that myself.

　　イ． I'm sure you'd have some really creative ideas.

　　ウ． I've been thinking of doing the same thing myself.

　　エ． Maybe you should think of some interesting topics.

5．ア． ask the viewers to create a fun game to play

　　イ． conduct a survey to see what people are interested in

　　ウ． think of an interesting name for our channel

　　エ． work with some famous personalities on the internet

6．ア． Disregarding our audience will be important for success.

　　イ． I have doubts about the value of viewer feedback.

　　ウ． Responding to all of the comments might be difficult for us.

　　エ． That'll help us build a community of loyal viewers.

Ⅱ　次の英文の空所に入れるのに最も適当な語を，ア～クから選べ。ただし，同じものを繰り返し用いてはならない。なお，文頭に来るものも小文字にしてある。

African manatees can be found in the rivers and coastal areas of western Africa. Unfortunately, the future of African manatees is uncertain. There are now fewer than 10,000 of these animals left. The destruction of their natural habitat and hunting are major （　7　）.

A large part of the manatees' habitat is being （　8　） by the building of dams. In Senegal, for example, manatees get stuck in the （　9　） water created by dams on the Senegal River. （　10　） from boats on the river also damages their habitat, as does the clearing of wetlands.

Hunting is another problem. Hunting manatees is illegal, but their meat is still being sold in markets, and their bones are used to make parts of walking sticks. Because the laws are not strongly （　11　）, people who hunt manatees illegally do not get punished.

Although all manatees are endangered, the African manatees are especially at risk because of the serious problems they （　12　）. Many environmental groups are working to save African manatees. They hope that education and better law enforcement will help protect these animals.

ア．destroyed	イ．enforced	ウ．experimental
エ．face	オ．increase	カ．pollution
キ．shallow	ク．threats	

出典追記：Grammar Explorer 3 by Amy Cooper and Samuela Eckstut-Didier, Heinle & Heinle Pub

Ⅲ　次の各英文の空所に入れるのに最も適当な語句を，ア～エから一つ選べ。

13. I know an elegant woman (　　　) husband works at the U.S. Embassy in Tokyo.

　ア．by whom　　イ．that　　　ウ．whose　　　エ．with whom

14. The team had a meeting to discuss (　　　) they would improve their already popular product.

　ア．about which　　　　　イ．how
　ウ．what　　　　　　　　エ．who

15. My father gave me a new laptop, but it needs (　　　).

　ア．being repaired　　　　イ．repairing
　ウ．to repair　　　　　　エ．to repairing

16. Carlos is a vegetarian, (　　　) no one else is in our family.

　ア．if　　　　イ．what　　　　ウ．which　　　　エ．who

17. (　　　) his wealth, Warren considers himself to be unhappy.

　ア．Among　　イ．Even　　　ウ．For all　　　エ．Though

18. All the residents demand that the expressway construction program (　　　) abandoned.

　ア．be　　　　イ．had been　　ウ．to be　　　　エ．was

19. We decided to use public transport instead of buying a vehicle of (　　　).

　ア．our　　　　イ．our own　　ウ．ourselves　　エ．us

20. It may affect (　　　) of person your child grows up to be.

　ア．a kind　　　イ．kind　　　ウ．the kind　　　エ．the kinds

Ⅳ   次の各英文の意味に最も近いものを，ア～エから一つ選べ。

21. Our team's last-minute victory was nothing short of a miracle.

ア．Our team's last-minute victory was different from a miracle.

イ．Our team's last-minute victory was equal to a miracle.

ウ．Our team's last-minute victory was less than a miracle.

エ．Our team's last-minute victory was unrelated to a miracle.

22. Sally was worn out after the long business meeting this afternoon.

ア．Sally was disappointed after the long business meeting this afternoon.

イ．Sally was exhausted after the long business meeting this afternoon.

ウ．Sally was happy after the long business meeting this afternoon.

エ．Sally was relieved after the long business meeting this afternoon.

23. I only had a minute before the show to look over the script.

ア．Before the show, I only had a minute to scan the script.

イ．Before the show, I only had a minute to write the script.

ウ．I only had a minute before the show to edit the script.

エ．I only had a minute before the show to print the script.

24. I met one of my colleagues at the hotel lounge by chance.

ア．I arranged to meet with a colleague of mine at the hotel lounge.

イ．I changed my plan to meet a colleague of mine at the hotel lounge.

ウ．I frequently encountered one of my colleagues at the hotel lounge.

エ．I unexpectedly encountered one of my colleagues at the hotel lounge.

Ⅴ　次の（ a ）に示される意味を持ち，かつ（ b ）の英文の空所に入れるのに最も適した
　語を，それぞれア〜エから一つ選べ。

25.（ a ）by good luck

（ b ）（　　　　），no casualties or injuries were reported, though the
earthquake was strong.

　　　ア．Fortunately　　　　　　　イ．Honestly

　　　ウ．Quickly　　　　　　　　　エ．Virtually

26.（ a ）felt or done by two or more people

（ b ）We eventually reached a （　　　）agreement to split the rent
equally.

　　　ア．beneficial　　イ．fiscal　　　ウ．mutual　　　エ．universal

27.（ a ）to modify or adjust something to fit a particular purpose

（ b ）You need to（　　　）your schedule to attend the meeting
tomorrow.

　　　ア．alter　　　　イ．confirm　　ウ．insert　　　エ．maintain

28.（ a ）crop or yield of the season

（ b ）The farmers had an abundant（　　　）this year because the
weather was great.

　　　ア．feast　　　　イ．grain　　　ウ．harvest　　エ．wheat

29.（ a ）carved or shaped works of art

（ b ）The gallery had an impressive collection of（　　　）.

　　　ア．calligraphy　　　　　　　　イ．paintings

　　　ウ．poetry　　　　　　　　　　エ．sculptures

Ⅵ   次の［A］〜［D］の日本文に合うように，空所にそれぞれア〜カの適当な語句を
入れ，英文を完成させよ。解答は番号で指定された空所に入れるもののみをマーク
せよ。なお，文頭に来る語も小文字にしてある。

［A］ 成果を得ることに長けた人たちは動機がしっかりとしている。

（ 30 ）（   ）（ 31 ）（   ）（   ）（   ）are   actually
motivated.

　　　ア．at　　　　　　　　イ．getting　　　　　　ウ．good
　　　エ．results　　　　　　オ．the desired　　　　カ．those

［B］ 私が住んでいる家の隣にかつて住んでいたのは彼の兄でした。

It was his brother （   ）（   ）（ 32 ）（   ）（   ）（ 33 ）
I live.

　　　ア．lodge　　　　　　　イ．next door　　　　　ウ．to
　　　エ．used to　　　　　　オ．where　　　　　　　カ．who

［C］ メリルは同じ服を2日と続けて着ないらしい。

I hear that Merrill （ 34 ）（   ）（   ）（   ）（   ）（ 35 ）.

　　　ア．dress　　　　　　　イ．running　　　　　　ウ．the same
　　　エ．two days　　　　　　オ．wear　　　　　　　カ．will not

［D］ 私たちの食生活が欧米型に変わってきていることは明白である。

It is very clear that our （ 36 ）（   ）（   ）（   ）（ 37 ）
（   ）Western people.

　　　ア．eating habits　　　イ．have become　　　　ウ．like
　　　エ．more and more　　オ．of　　　　　　　　カ．those

Ⅶ　次の英文を読み，あとの問いに答えよ。

Simple design changes can have a big impact on how we behave. One example is using play and gamification* to make things more appealing and help us overcome challenges and problems. Another effective approach is an idea called *nudge theory*.

A nudge is a gentle push, with the type of push depending on the situation. Sometimes it's a physical push. A person might nudge a friend to make him move out of the way, or a parent might nudge a child to get her to say thank you for a gift. Sometimes a nudge is a mental push. A manager might nudge employees to work faster by reminding them that a deadline is coming up. In design terms, nudges usually have two characteristics. First, they make one choice or action seem more attractive or beneficial than other options. And second, design nudges suggest or imply the best option instead of being explicit about it.

An experiment in Lisbon, Portugal, provides a good example of a design nudge. The experiment was designed to make crossing the street safer. Instead of waiting for the walk signal, pedestrians were crossing whenever there was a break in traffic, which can be very dangerous. As part of the experiment, the usual walk signal was replaced. Instead of a standing figure, it showed a person dancing. This design nudge did not explicitly state that people should wait until the signal changed, but it gave them something amusing to watch — the dancing figure — and encouraged them to wait before crossing. As a result, the proportion of people who crossed at an unsafe time dropped significantly.

There are other examples of nudges designed to promote beneficial choices. Students can be nudged to replace a cycle of negative behavior — such as choosing unhealthy food at lunch — with positive behaviors. Studies show that the majority of people take the first three foods they

2
0
2
4
年
度

2
月
13
日

問
題
編

see more often than other foods. Schools can use this information to
nudge students to eat better by putting healthier food choices at the
front of the line, and unhealthy ones at the end. More appealing food
names can also affect student choices: "Crunchy summer salad" will
probably be more popular than just "salad."

People don't notice when an effective design nudge pushes them
toward a certain action or decision. For example, shining a light on fruit
can increase sales, but putting a mirror behind doughnuts has the
opposite effect. As a result, companies may develop nudges that benefit
themselves, not consumers.

*gamification「ゲームの手法を応用すること」

問1　本文の第1段落の内容に合うものとして最も適当なものを，ア～エから一
　　　つ選べ。(38)

　　　ア．Gamification is a useful way of helping people to solve problems.

　　　イ．Nudge theory is the only effective way to change the way people
　　　　　behave.

　　　ウ．People's behavior is rarely influenced by simple design changes.

　　　エ．We cannot succeed in overcoming challenges by using fun
　　　　　activities.

問2　本文の第2段落の内容に合わないものを，ア～エから一つ選べ。(39)

　　　ア．A parent might nudge a child, but a friend would never nudge
　　　　　another friend.

　　　イ．In order to produce the best outcome, a nudge is not usually
　　　　　explicit.

　　　ウ．Managers might remind employees of deadlines to speed up
　　　　　work.

　　　エ．One way to encourage someone to act is to physically push
　　　　　them.

出典追記：Reflect Reading & Writing 4 by Christien Lee, Heinle & Heinle Pub

問3　本文の第3段落の内容に合うものとして最も適当なものを，ア～エから一つ選べ。(40)

ア．A Portuguese traffic signal was modified to encourage pedestrians to cross the street whenever there was no traffic.

イ．An experiment in Lisbon was designed to make pedestrians cross the street even while the signal was showing a dancing figure.

ウ．In an experiment, pedestrians watched a standing figure when they wanted to cross the street.

エ．It can be dangerous to cross the street when there is a break in traffic.

問4　本文の第4段落の内容に合うものとして最も適当なものを，ア～エから一つ選べ。(41)

ア．A design nudge can encourage students to choose the last three healthier items presented to them.

イ．Changing a food's name probably has no influence on its appeal to students.

ウ．Students are nudged by their schools to act in certain ways such as making healthy choices.

エ．Students rarely take the first three foods available to them.

問5　下線部(42)の内容に合わないものを，ア～エから一つ選べ。

ア．Most people take the first three options they are given in a food line.

イ．Schools can promote good behavior by offering healthily named salads.

ウ．There are students who choose unhealthy food at lunchtime.

エ．There are students who exhibit a pattern of bad behavior.

問6　本文の第5段落の内容に合わないものを，ア～エから一つ選べ。(43)

　　ア．A good nudge is suggestive as opposed to explicit.

　　イ．Casting light on products can encourage customers to buy them.

　　ウ．Nudges can only be designed to provide benefits for customers.

　　エ．Putting a mirror behind certain foods can reduce consumers' interest in them.

問7　本文の内容と合うものを，ア～キから二つ選び，(44)と(45)に一つずつマークせよ。ただし，マークする記号（ア，イ，ウ，...）の順序は問わない。

　　ア．Using play to make things more interesting and fun is an example of nudge theory.

　　イ．A good nudge makes all the available options appear equally beneficial.

　　ウ．The best option when using a nudge is to be straightforward and direct.

　　エ．In the experiment in Portugal, the number of people who crossed at unsafe times increased dramatically.

　　オ．Cases of applying nudge theory in schools have not yielded positive results.

　　カ．Attractively named dishes will probably sell better than ones with simple names.

　　キ．Effective design nudges usually go unnoticed if planned and executed properly.

解答編

2月13日実施分　　　　解　答

Ⅰ　**解答**　〔A〕　1—ウ　　2—ウ　　3—エ
　　　　　　　〔B〕　4—ウ　　5—イ　　6—エ

.... 全訳 ....

〔A〕《週末のバーベキューの計画》

A：ねえ，ユキ！　今度の土曜日，バーベキューパーティーに行くの？

B：ええ。その予定よ。週末の天気予報は見た？

A：うん，曇りで降水確率は50％みたいだよ。

B：じゃあ，天気はどちらにもなりえるね。最善の結果になることを祈りましょう。

A：そうだね，楽観的なままでいよう！　バーベキューには何を持っていく予定？

B：ポテトチップスとチキン，そしてエビを持っていくつもり。ハナは牛肉と豚肉を持ってくると思う。

A：お肉がたくさんありそうだから，野菜を持っていこうかな。

B：それはいい考えね。

A：どの野菜がバーベキューに適しているかな？

B：いい質問ね。トウモロコシ，タマネギ，マッシュルームはいつも焼肉に一番合うよ。

A：そうだね。バーベキューに行くついでにいくらかスーパーで買っていこうかな。近くにスーパーがあるか知っている？

B：わからないわ。スマートフォンで一番近くのスーパーを調べようか？

A：それは助かるよ。調べてくれてありがとう！

〔B〕《動画チャンネル開設に関するやりとり》

A：フェルナンド，インターネットで自分個人の動画チャンネルを作ろうと思ったことは今までにある？

B：ああ，実はあるよ！　ずっと動画を作ることと，いつかひょっとしたら有名にまでなることに興味があったんだ。

A：それはすごいね！　私自身も同じことをしようと考えていたんだ。

B：本当に？　どんな種類の動画を作りたいの？

A：音楽，ゲーム，料理など，自分が熱中しているものについての動画を作りたいんだ。

B：それは面白いね。僕たちもコラボして，さらに動画を面白くできるかもしれないね。

A：もちろん！　人々が何に興味があるかを知るためにアンケートをとってみるのはどう？

B：いい計画だね！　誰にそれを聞くべきかな？

A：まずはクラスメートから始めることができるね。視聴者の注目を集める方法も考えないと。

B：それはいいアイデアだね。コメントに答えたり，フィードバックを得るために投票を作ったりして，視聴者と交流することもできるね。

A：そうすれば，常連の視聴者のコミュニティーを作ることができるね。

B：その通り，有名になりたければ視聴者を増やすことが重要だからね！

―――――――――――――― 解　説 ――――――――――――――

〔A〕　1．直前のAの発言「曇りで降水確率は50％みたいだよ」を受けて，Bは「じゃあ，天気はどちらにもなりえるね」と答えている。また，直後のAの発言に「そうだね，楽観的なままでいよう！」とあることから，ウ．「最善の結果になることを祈りましょう」が正解。ア．「予報によると，間違いなく雨が降るだろう」，エ．「雨が降るのは間違いない」は，直後のAの発言より不適。イ．「日曜日にもう一度天気を確認しよう」は，バーベキューが行われるのが土曜日であることより不適。

2．直後のBの発言に「トウモロコシ，タマネギ，マッシュルームはいつも焼肉に一番合うよ」とあることから，ウ．「どの野菜がバーベキューに適しているかな？」が正解。他の選択肢は，ア．「ハナの最も好きな野菜は何？」，イ．「野菜を味つけする最適な方法は何？」，エ．「健康に良いサラダを作ってはどう？」であり，直後のBの発言に合わないことから不適。

3．直後のAの発言「それは助かるよ。調べてくれてありがとう！」より，エ．「スマートフォンで一番近くのスーパーを調べようか？」が正解。他の選択肢は，ア．「その地域はよく知らないけど，近くにあるはずだよ」，イ．「駅に着いたら，誰かに聞くべきかもしれないね」，ウ．「あなたの家の近くまで行って，スーパーまで車で送ろうか？」であり，直後のAの発

言に合わないことから不適。

〔B〕　**4.** 直後のBの発言に「どんな種類の動画を作りたいの?」とあることより,ウ.「私自身も同じことをしようと考えていたんだ」が正解。Aが動画作成に興味を示し,Bがその動画の種類について尋ねたと考えると文意が通る。他の選択肢は,ア.「私自身は,そんなことは決してしようと思わないよ」,イ.「あなたならきっといくつか創造的な考えを思いつくよ」,エ.「おそらく,あなたは何か面白い話題を考えるはずだよ」であり,直後のBの発言に合わないことから不適。

5. 直後のBの発言「誰にそれを聞くべきかな?」から,空所にはitの指す内容が入るとわかる。また,Aの5つ目の発言「まずはクラスメートから始めることができるね。視聴者の注目を集める方法も考えないと」より,イ.「人々が何に興味があるかを知るためにアンケートをとってみる」が正解と判断する。itの指す内容がアンケートであると考えれば文意が通る。他の選択肢は,ア.「視聴者にプレイするのが楽しいゲームを作ってもらうよう依頼する」,ウ.「面白いチャンネル名を考える」,エ.「インターネット上で有名人と仕事をする」であり,上記の後続の文と合わないため不適。

6. 空所直前のBの発言には「コメントに答えたり,フィードバックを得るために投票を作ったりして,視聴者と交流することもできるね」とあり,空所直後のBの発言には「その通り,有名になりたければ視聴者を増やすことが重要だからね!」とある。前後の文意に合うのはエ.「そうすれば,常連の視聴者のコミュニティーを作ることができるね」のみ。Bの提案に対して肯定的に返答したと考えれば文意が通る。他の選択肢は,ア.「視聴者を無視することは,成功のために重要だろうね」,イ.「視聴者からのフィードバックの価値に疑問を持っているんだ」,ウ.「すべてのコメントに答えるのは私たちには難しいかもしれない」であり,Bの提案に対して否定的な意見を述べていることになるので不適。

2024年度 2月13日 解答編

Ⅱ 解答 **7**ーク **8**ーア **9**ーキ **10**ーカ **11**ーイ **12**ーエ

························ 全訳 ························

《絶滅の危機に瀕しているマナティー》

① アフリカマナティーはアフリカ西部の河川や沿岸地域で発見されうる。残念ながら，アフリカマナティーの将来は不透明である。現在，この動物は1万頭以下しか残っていない。自然の生息地の破壊と狩猟が大きな脅威である。

② マナティーの生息地の大部分は，ダムの建設によって破壊されつつある。例えば，セネガルでは，マナティーはセネガル川のダムによってできた浅瀬で身動きがとれなくなっている。また，川を航行するボートによる汚染も，湿地の開拓と同様，マナティーの生息地にダメージを与えている。

③ 狩猟がもう一つの問題である。マナティーの狩猟は違法だが，その肉はいまだに市場で売られており，骨はつえの部品を作るために使われている。法律が厳しく施行されていないので，マナティーを違法に狩猟する者は罰せられていない。

④ すべてのマナティーが絶滅の危機に瀕しているが，アフリカマナティーはそれらが直面している深刻な問題のため，特に危険にさらされている。多くの環境保護団体がアフリカマナティーを救うために活動している。彼らは教育とより良い法律の施行が，これらの動物を保護するのに役立つことを願っている。

======== 解説 ========

　空所補充問題では，和訳と品詞の両面を考慮することが重要である。各選択肢の品詞は以下の通り。ア．destroyed は動詞の過去形，もしくは過去分詞形。イ．enforced は動詞の過去形，もしくは過去分詞形。ウ．experimental は形容詞。エ．face は動詞，もしくは名詞。オ．increase は動詞。カ．pollution は名詞。キ．shallow は形容詞。ク．threats は名詞。

7. 空所を含む文の構造を分析すると，The destruction が主語，are が動詞，major（　7　）が補語。空所は形容詞 major の直後にあり，名詞が入るとわかる。よって，エ．face「顔」，カ．pollution「汚染」，ク．threats「脅威」に絞られる。ここで，空所を含む文の和訳を確認すると

「自然の生息地の破壊と狩猟が大きな（　7　）である」で，文意が通る
ク．threats「脅威」が正解。

8． 空所を含む文の構造を考えると，A large part が主語，is being（
8　）が動詞である。また，空所直後に by the building of dams とある
ことから，空所には動詞の過去分詞形が入ると考える。よって，ア．
destroyed「破壊された」，イ．enforced「強制された」に絞られる。ここ
で，空所を含む文の和訳を確認すると「マナティーの生息地の大部分は，
ダムの建設によって（　8　）つつある」で，文意が通るア．destroyed
「破壊された」が正解。

9． 空所の直前には冠詞 the が，直後には名詞 water があることから，
空所には形容詞的な要素が入る。また，ア．destroyed は空所（8）の解
答であることから，過去分詞形のイ．enforced「強制された」，形容詞の
ウ．experimental「実験の」，形容詞のキ．shallow「浅い」に絞られる。
ここで，空所を含む文の和訳を確認すると「例えば，セネガルでは，マナ
ティーはセネガル川のダムによってできた（　9　）水域で身動きがとれ
なくなっている」なので，文意が通るキ．shallow「浅い」が正解。

10． 空所を含む文の構造を分析すると，damages が動詞，their habitat
が目的語であることから，空所には主語が入る。よって，空所は名詞であ
ることがわかる。また，クは空所（7）の解答であることから，エ．face
「顔」，カ．pollution「汚染」に絞られる。ここで，空所を含む文の和訳を
確認すると「また，川を航行するボートによる（　10　）も，湿地の開
拓と同様，マナティーの生息地にダメージを与えている」で，文意が通る
カ．pollution「汚染」が正解。

11． 空所を含む文の和訳は「法律が強く（　11　）ないので，マナティ
ーを違法に狩猟する者は罰せられていない」となり，文意が通じるイ．
enforced「施行される，強制される」が正解。

12． 空所を含む because of the serious problems they（　12　）の構造
を分析する。前置詞句である because of 〜「〜のために，〜のせいで」
の後ろには problems「問題」という名詞がある。they（　12　）の直前
には目的格の関係代名詞が省略されており，空所には他動詞が入ると考え
られる。ア．destroyed は空所（8）の，イ．enforced は空所（11）の解
答であることから，エ．face「〜に直面する」，オ．increase「〜を増や

す」に絞られる。ここで，空所を含む文の和訳を確認すると「すべてのマ
ナティーが絶滅の危機に瀕しているが，アフリカマナティーはそれらが
（　12　）深刻な問題のため，特に危険にさらされている」で，文意が通
るエ．face「～に直面する」が正解。

Ⅲ　解答　13—ウ　14—イ　15—イ　16—ウ　17—ウ　18—ア
　　　　19—イ　20—ウ

= 解説 =

13.「夫が東京のアメリカ大使館で働いている上品な女性を私は知ってい
る」

　関係代名詞の問題は元の 2 文を確認しよう。本問は，I know an
elegant woman. と Her husband works at the U. S. Embassy in Tokyo.
で，her を whose に変えて 2 文を結合する。よって，ウ．whose が正解。

14.「そのチームはすでに人気のある製品をどのように改良するかについ
て議論するミーティングを行った」

　ア．about which は先行詞となる名詞がないため不適。ウ．what，エ．
who は疑問代名詞であり，後ろが不完全文である必要があるが，ここで
は空所の後続文が完全文であるため，疑問副詞であるイ．how が正解。

15.「父は私に新しいノートパソコンをくれたが，修理が必要だ」

　S need *doing*「S は～される必要がある（S を～する必要がある）」 こ
の表現では動名詞に受動の関係があるのが特徴。よって，イ．repairing
が正解であり，ア．being repaired は不正解。また，ウ．to repair，エ．
to repairing のように不定詞を用いるのであれば，need to *do*「～する必
要がある」という表現を用い，need to be repaired とすべき。よって，
ウ．to repair，エ．to repairing は不適。

16.「カルロスはベジタリアンであり，我々の家族のほかのだれもそうで
はない」

　関係代名詞の問題は元の 2 文を確認しよう。本問は，Carlos is a
vegetarian. と No one else is a vegetarian in our family. であり，後文に
おいて，補語の vegetarian を関係代名詞にして，文頭に移動する。関係
代名詞自身が補語になっているときは，制限用法の場合は that，非制限
用法の場合は which を用いるので，ウ．which が正解。

17.「裕福ではあるけれども，ウォーレンは自分が不幸だと思っている」

　空所直後に his wealth という名詞が来ていることに注目する。副詞であるイ．Even では his wealth という名詞が文中で果たす役割がなくなってしまうので不適。エ．Though は従属接続詞なので，直後には主語＋動詞という形がなければいけないため不適。ア．Among「～の中に，～の間に」は文意が通らないため不適。よって，前置詞句であるウ．For all ～「～にもかかわらず」が正解。

18.「住民全員が高速道路建設計画の断念を要求している」

　要求・主張・提案・命令を表す動詞の後の that 節では，動詞の形は原形，または should＋原形となる。よって，動詞の原形であるア．be が正解。

19.「我々は自家用車を買う代わりに公共交通機関を使うことに決めた」

　正解はイ．our own である。of *one's* own「自分自身の」という表現に関する知識を問う問題。

20.「それは子供がどのような人間に成長するかに影響するかもしれない」

　正解はウ．the kind で，the kind of person＋関係詞節「～のような人」という表現を問う問題。

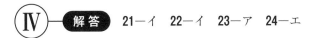

Ⅳ　**解答**　21－イ　22－イ　23－ア　24－エ

解説

21.「私たちのチームの土壇場での勝利はまったく奇跡以外のなにものでもない」

　nothing short of ～ は「まったく～以外のなにものでもない」という意味。したがって，この意味に最も近いのはイ．「私たちのチームの土壇場での勝利は奇跡に等しかった」である。他の選択肢は，ア．「私たちのチームの土壇場での勝利は奇跡とは違った」，ウ．「私たちのチームの土壇場での勝利は決して奇跡ではなかった」，エ．「私たちのチームの土壇場での勝利は奇跡とは無関係だった」である。

22.「サリーは今日の午後の長い商談で疲れ切っていた」

　worn out は「疲れ切った」という意味。したがって，この意味に最も近いのはイ．「サリーは今日の午後の長い商談の後で疲れきっていた」で

ある。他の選択肢は，ア.「サリーは今日の午後の長い商談の後でがっかりしていた」，ウ.「サリーは今日の午後の長い商談の後で幸せだった」，エ.「サリーは今日の午後の長い商談を終えてほっとした」である。

23.「私には芝居の前に台本に目を通すのに時間が1分しかなかった」

look over ~ は「~にざっと目を通す」という意味。したがって，この意味に最も近いのはア.「芝居の前，私には台本をざっと読むのに1分しかなかった」である。他の選択肢は，イ.「芝居の前，私には台本を書くのに1分しかなかった」，ウ.「芝居の前，私には台本を編集するのに1分しかなかった」，エ.「芝居の前，私には台本を印刷するのに1分しかなかった」である。

24.「私はホテルのラウンジで偶然同僚の一人に会った」

by chance は「偶然」という意味。したがって，この意味に最も近いのはエ.「私は思いがけずホテルのラウンジで同僚の一人に出くわした」である。他の選択肢は，ア.「私はホテルのラウンジで同僚の一人と会うよう手配した」，イ.「私はホテルのラウンジで同僚の一人と会う予定を変更した」，ウ.「私は頻繁にホテルのラウンジで同僚の一人に出くわした」である。

 **解答**　**25**―ア　**26**―ウ　**27**―ア　**28**―ウ　**29**―エ

━━━━━━━━━━━━ 解　説 ━━━━━━━━━━━━

25. (a)「幸運にも」

(b)「地震は強かったが，幸運にも，死傷者は報告されなかった」

　　イ.「正直に言って」　ウ.「即座に」　エ.「事実上」

26. (a)「2人以上の人によって感じられた，または行われた」

(b)「私たちは最終的に，家賃を均等に分けるという相互合意に達した」

　　ア.「有益な」　イ.「財政上の」　エ.「普遍的な」

27. (a)「特定の目的に合うように何かを修正または調整すること」

(b)「あなたは明日の会議に出席するために予定を変更する必要がある」

　　イ.「確認する」　ウ.「挿入する」　エ.「維持する」

28. (a)「その季節の収穫物や収穫量」

(b)「今年は天候がすばらしかったので，農家は豊富な収穫物に恵まれた」

　ア.「ごちそう」　イ.「穀物」　エ.「小麦」

29. (a)「彫られた，または形成された芸術作品」

(b)「その美術館には印象的な彫刻作品のコレクションがあった」

　ア.「書道」　イ.「絵画」　ウ.「詩」

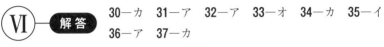

Ⅵ　**解　答**　　30―カ　31―ア　32―ア　33―オ　34―カ　35―イ
　　　　　　　　36―ア　37―カ

======================== **解　説** ========================

30・31. Those good at getting the desired results (are actually motivated.)

　those には「人々」の意味があり，good at getting the desired results「望まれた結果を得ることが上手な」という形容詞句を後ろに続ける。good at ～ は「～が上手な，～に長けた」という意味。

32・33. (It was his brother) who used to lodge next door to where (I live.)

　和文と英文を見比べ，文頭の It was が強調構文である可能性に気づく。和文より，強調されているのは「彼の兄」なので，It was his brother who ～ とする。強調構文（It is ～ that …）の that は～に人が入った場合，who で代用可能である。他の表現はそれぞれ used to ～「かつて～した」，lodge「下宿する」，next door to ～「～の隣に」，where S V「S がVする場所」である。

34・35. (I hear that Merrill) will not wear the same dress two days running(.)

　文頭 I hear that の that は従属接続詞であるため，後ろには文が来る。よって，主語 Merrill の後ろには動詞の要素が必要であり，will not wear と並べる。wear の目的語になれるものが選択肢の中では dress であり，dress の前に the same「同じ」という形容詞がつくと考える。two days running は「2日続けて」という意味で，文末に置く。

36・37. (It is very clear that our) eating habits have become more and more like those of (Western people.)

　ここでの like は前置詞で「～のような」の意味。that 節内の主語は our eating habits であり，like 直後の those は the eating habits の意味で用

いられている。

2
0
2
4
年
度

2
月
13
日

解答編

 **解答**　問1．ア　問2．ア　問3．エ　問4．ウ　問5．イ
問6．ウ　問7．カ・キ（順不同）

································· **全訳** ·································

《デザイン・ナッジの有用性》

1　単純なデザインの変化が，私たちの行動に大きな影響を与えることがある。その一例が，遊びを使うことやゲームの手法を応用することで物事をより魅力的にし，課題や問題を克服する手助けをすることだ。もうひとつの効果的な手法は，「ナッジ理論」と呼ばれる考え方だ。

2　ナッジとは優しい後押しで，その後押しの種類は状況によって異なる。時にはそれは物理的な後押しである。人が友だちをそっと押してどいてもらったり，親が子どもをひじで軽くつついてプレゼントのお礼を言わせたりするかもしれない。ナッジは精神的な後押しの場合もある。管理者は，締め切りが迫っていることを従業員に思い出させることで，より早く仕事をするよう後押しするかもしれない。デザインの観点では，ナッジには通常2つの特徴がある。第一に，ある選択や行動が他の選択肢よりも魅力的で有益に見えるようにすることだ。そして第二に，デザイン・ナッジは，最良の選択肢を明示するのではなく，示唆したり暗示したりする。

3　ポルトガルのリスボンで行われた実験は，デザイン・ナッジの良い例を示している。その実験は，道路をより安全に渡るために計画された。歩行者は歩行信号を待つのではなく，交通が途切れるといつでも横断していたが，これは非常に危険な可能性がある。実験の一環として，通常の歩行信号が取り替えられた。立っている人物の代わりに，踊っている人物が示された。このデザイン・ナッジは，信号が変わるまで待つべきだとは明示しなかったが，踊っている人物という見るのが面白いものを彼らに与え，渡る前に待つように勧めた。結果として，危険なときに道路を渡る人の割合は，劇的に低下した。

4　有益な選択を促すように設計されたナッジの例は他にもある。例えば，昼食時に不健康な食べ物を選ぶなど，良くない行動の循環を良い行動に置き換えるように生徒を後押しすることができる。研究によると，大半の人は最初に目にした3つの食品を，他の食品よりも頻繁に取っている。学校

はこの情報を利用し，健康的な食品を列の先頭に，不健康な食品を最後尾に並べることで，生徒がより良い食事をするよう後押しすることができる。より魅力的な食品名は，生徒の選択にも影響しうる。ただの「サラダ」よりも「シャキシャキ夏サラダ」のほうが人気が出るだろう。

⑤　効果的なデザイン・ナッジが，特定の行動や決断に向かわせる場合，人はそれに気づかない。例えば，フルーツに光を当てると売上を伸ばすことができるが，ドーナツの後ろに鏡を置くと逆効果になる。その結果，企業は消費者ではなく，自分たちの利益になるようなナッジを開発するかもしれない。

=========== 解　説 ===========

問1．ア．「ゲームの手法を応用することは，人々が問題を解決するのに役立つ有用な方法だ」は第1段第2文（One example is …）に一致。

イ．「ナッジ理論は，人々の行動様式を変える唯一の効果的な方法である」は第1段全体の内容に不一致。第1段では，単純なデザインの変化が，私たちの行動に大きな影響を与える例が2つ挙げられており，1つ目は，遊びを使うことやゲームの手法を応用すること。もう1つが「ナッジ理論」である。よって，「唯一の効果的な方法である」が誤り。ウ．「人々の行動は，単純なデザインの変更によってはめったに影響を受けない」は第1段第1文（Simple design changes …）と不一致。エ．「楽しい活動を使うことで課題をうまく克服することはできない」は第1段第1・2文（Simple design changes … challenges and problems.）と不一致。

問2．ア．「親が子どもを後押しすることはあっても，友だちが他の友だちを後押しすることは決してない」は第2段第3文（A person might …）と不一致。同文には「人が友だちをそっと押してどいてもらったり，親が子どもをひじで軽くつついてプレゼントのお礼を言わせたりするかもしれない」とあり，友だちが他の友だちを後押しする可能性が示されている。よって，これが正解。

イ．「最良の結果を生むために，ナッジは通常明確ではない」は第2段最終文（And second, design …）と一致。ウ．「管理者は仕事を早めるために従業員に締め切りを思い出させるかもしれない」は第2段第5文（A manager might …）と一致。エ．「誰かに行動を促す一つの方法は，物理的にその人を押すことである」は第2段第2文（Sometimes it's a …）と

一致。

問3．エ．「交通が途切れたときに道路を横断するのは危険な可能性がある」は第3段第3文（Instead of waiting …）と一致。

ア．「ポルトガルのある信号機は，交通量がないときはいつでも歩行者に道路を渡るよう促すように改造された」は第3段第3文（Instead of waiting …）と不一致。同文には「歩行者は歩行信号を待つのではなく，交通が途切れるといつでも横断していたが，これは非常に危険な可能性がある」とあり，信号機が改造されたわけではないことがわかる。イ．「リスボンで行われた実験は，信号が踊っている人物を見せている間でも，歩行者が道路を横断するように設計された」は第3段第6文（This design nudge …）と不一致。ウ．「ある実験では，歩行者は道路を渡りたいときに立っている人物を見ていた」は第3段第5文（Instead of a …）と不一致。

問4．ウ．「生徒は，健康的な選択をするなど，特定の方法で行動をとるよう学校から促される」は第4段第4文（Schools can use …）と一致。

ア．「デザイン・ナッジは，生徒が最後に提示された3つの健康的なものを選ぶように促すことができる」は本文に記述なし。イ．「食べ物の名前を変えても，おそらく生徒に対する魅力には影響しない」は第4段最終文（More appealing food …）と不一致。エ．「生徒は，めったに最初に手に入る3つの食品を取ることはない」は第4段第3文（Studies show that …）と不一致。

問5．第4段第4文（Schools can use …）を和訳すると「学校はこの情報を利用し，健康的な食品を列の先頭に，不健康な食品を最後尾に並べることで，生徒がより良い食事をするよう後押しすることができる」となる。this information の指す内容は第4段第3文（Studies show that …）であり，イ．「学校は健康的な名前のサラダを提供することで，良い行動を促すことができる」は同段最終文（More appealing food …）の内容なので不適。よって，これが正解。

ア．「ほとんどの人は，食べ物の列で最初に与えられた3つの選択肢を取る」は第4段第3文（Studies show that …）と一致。ウ．「昼食時に不健康な食べ物を選ぶ生徒がいる」，エ．「悪い行動パターンを示す生徒がいる」は第4段第2文（Students can be …）と一致。

問6. ウ.「ナッジは顧客に利益をもたらすようにしか設計できない」は最終段第2文（For example, shining …）と不一致。同文にはデザイン・ナッジの例があり，「フルーツに光を当てると売上を伸ばすことができるが，ドーナツの後ろに鏡を置くと逆効果になる」とある。フルーツに光を当てることは販売元に利益をもたらしており，顧客には利益をもたらしていない。よって，これが正解。

ア.「良いナッジは，明示的とは対照的に暗示的である」は第5段第1文（People don't notice …）と一致。同文には「効果的なデザイン・ナッジが，特定の行動や決断に向かわせる場合，人はそれに気づかない」とあり，効果的なデザイン・ナッジは人に気づかれにくいものであること（暗示的であること）が書かれている。イ.「商品に光を当てることで，顧客が商品を買うのを促すことができる」，エ.「特定の食品の背後に鏡を置くことは，消費者のその食品への興味を減退させる可能性がある」は第5段第2文（For example, shining …）と一致。

問7. カ.「魅力的な名前の料理は単純な名前の料理より売れるだろう」は第4段第5文（More appealing food …）と一致。キ.「効果的なデザイン・ナッジは，適切に計画され実行されれば，通常は気づかれなくなる」は第5段第1文（People don't notice …）と一致。

ア.「物事をより面白く楽しくするために遊びを使うのは，ナッジ理論の一例である」は第1段全体の内容と不一致。第1段では，単純なデザインの変化が，私たちの行動に大きな影響を与える例が2つ挙げられており，1つ目は，遊びを使うことやゲームの手法を応用すること。もう1つが「ナッジ理論」である。よって，ナッジ理論は，物事をより面白く楽しくするために遊びを使うこととは別である。イ.「良いナッジは，妥当なすべての選択肢が等しく有益に見えるようにする」は第2段第7文（First, they make …）と不一致。ウ.「ナッジを使うときの最良の選択肢は，率直で直接的であることだ」は第2段最終文（And second, design …）と不一致。エ.「ポルトガルでの実験では，安全でない時間に横断する人の数が劇的に増加した」は第3段最終文（As a result, …）と不一致。オ.「学校でナッジ理論を適用する例では，良い結果は得られなかった」は第4段全体の内容と不一致。

/////////////// · *memo* · ///////////////

///////////////// · **memo** · /////////////////

//////////////// · **memo** · ////////////////

//////////////// · **memo** · ////////////////

////////////////// · **memo** · //////////////////

///////////////// · **memo** · /////////////////

//////////////// · **memo** · ////////////////

2023
年度

問題と解答

1 月 29 日実施分　　　問　題

（60 分）

Ⅰ　次の対話文の空所に入れるのに最も適当なものを，それぞれア～エから一つ選べ。

〔A〕

A：Hi, Rob! We should start planning our summer trip to Australia. It's not long now!

B：For sure. I looked for plane tickets online last night. There are plenty available and some real bargains if we don't fly direct.

A：Thanks for checking. ＿＿＿＿1＿＿＿＿

B：You're right. In addition to that, we'd save a ton of journey time.

A：Great. That's decided then. Do you have any ideas about accommodation?

B：A friend of mine lives in a new apartment in the suburbs of Sydney, and he said that we're welcome to stay there. He only has one spare bed though.

A：Interesting. Well, that sounds promising. ＿＿＿＿2＿＿＿＿

B：I think I could tolerate staying there.

A：I agree! I'm glad we've decided where we'll stay! Is there anything else that we'll need to do before we go?

B：＿＿＿＿3＿＿＿＿

A：Yes, we need to know we're covered if the worst happens.

B：That's right. It's quickest and easiest to get a quote online these days. Just medical is fine for me.

A：You're always thinking ahead!

1 ． ア． And it'd be nice to see somewhere on the way.

　　 イ． But I'd rather avoid the inconvenience of transferring.

　　 ウ． But I'm not sure that'd save us anything on the ticket price.

　　 エ． The journey would take much less time if we fly straight there.

2 ． ア． But I really don't want to stay in the middle of town.

　　 イ． But I'll only stay in a hotel as they're more comfortable.

　　 ウ． I don't even mind that it isn't a modern place.

　　 エ． I guess one of us would have to be on the sofa.

3 ． ア． Let's think about buying a spare blanket, just in case.

　　 イ． We certainly need to go shopping to buy some vacation clothes.

　　 ウ． We need to get a good guidebook, so we know where not to visit.

　　 エ． Well, we should certainly get some travel insurance.

〔B〕

A： How was your day at the shopping mall?

B： Awful! To begin with, there were so many people trying to get in that the parking lot was full. I had to park a few blocks away.

A： I'm sorry to hear that. _____4_____

B： I wish you'd suggested that earlier. I would've done so if I'd known. And I'm sure the fare would've been no more than it cost me to get there.

A： Surely things got better once you entered.

B： Well, I managed to find a nice shirt, but there wasn't one in my size. The store could've ordered one for me but wouldn't deliver it. _____5_____

A： That's understandable. I'll be going next week, so I'll be able to get it for you if you like.

B： Thank you. But there's no need as I've already ordered one online.

A： I can see why you didn't have such a great time.

B： I do have some good news though. I went to the theater there. I loved the new Liam Jones movie.

A：＿＿＿＿6＿＿＿＿

B： That's right! Oh, no! And I thought that was the one thing about the trip that went right.

A： Please don't forget next time! Anyway, I hope that your next visit to the mall is better!

4 . ア. Couldn't you have taken public transportation?

　　イ. There's a parking lot that's much closer than that.

　　ウ. Why didn't you go there on a weekday when it's quieter?

　　エ. You should've gone earlier in the day.

5 . ア. I didn't want to go all the way back just to get it.

　　イ. I'd buy one over the internet if I knew how.

　　ウ. I'm not sure whether to go back and get it or not.

　　エ. That means that I'll have to go all the way over there again.

6 . ア. I heard that it wasn't very entertaining at all!

　　イ. I think I remember recommending that movie to you!

　　ウ. You did really well to get a ticket for that!

　　エ. You promised that you'd go and see that with me!

Ⅱ　次の英文の空所に入れるのに最も適当な語を，ア～クから選べ。ただし，同じものを繰り返し用いてはならない。

　　A dragon is a legendary creature that appears in the myths of many cultures. It looks like a snake, (　7　) and bird. There are two cultural dragon traditions: European dragons and Asian dragons.

　　In many Asian cultures, dragons are (　8　) to a god or nature. They have some form of magic or other supernatural power. In some cultures, they can also speak. Most dragons are snake-like, with (　9　). They have four legs and are without wings. In Asia, dragons are respected and sometimes worshiped as gods.

　　In Europe, on the other hand, dragons are creatures to be challenged and killed by heroes. In the Bible, a snake tries to make Eve eat a forbidden apple, and it is said this snake might be the (　10　) dragon. In Europe, dragons (　11　) before Christianity. Therefore, dragons were objects to be killed to show the power of Christianity.

　　Dragons may have developed differently in the West and in the East, but over the (　12　) they may have interacted with each other. Nowadays, dragons are used in many computer games. The Japanese imaginary monster, Godzilla, might be a modern type of dragon.

ア．additional　　　　イ．ages　　　　　　ウ．existed

エ．intelligence　　　オ．linked　　　　　　カ．novels

キ．original　　　　　ク．reptile

Ⅲ　次の各英文の空所に入れるのに最も適当な語句を，ア〜エから一つ選べ。

13. (　　　) a little more motivation, Bob could have competed in the Olympic Games.

　　ア．Be　　　　　イ．Being　　　　ウ．With　　　　エ．Within

14. The man I saw in the parking lot stared at the door of his car as if (　　　) it with magic.

　　ア．open　　　　　　　　　　　　イ．opened

　　ウ．to be opened　　　　　　　　エ．to open

15. Even though library guidance for new students was scheduled for last Tuesday, (　　　) were present at the appointed start time.

　　ア．anyone　　　イ．everyone　　　ウ．no one　　　エ．none

16. In order to help victims of natural disasters, I prefer working as a volunteer (　　　) sending money.

　　ア．rather as　　　　　　　　　イ．rather than

　　ウ．rather to　　　　　　　　　エ．would rather

17. Melbourne, (　　　) I visited two years ago, is now so short of water that citizens are only allowed to water their plants once every two days.

　　ア．at which　　　イ．in which　　　ウ．of which　　　エ．which

18. (　　　) a homestay in the U.K. last year, Taro is familiar with British culture.

　　ア．Experience　　　　　　　　イ．Experienced

　　ウ．Having experienced　　　　　エ．To experience

19. As the training for the new recruits is still ongoing, the boss has not yet finished (　　　) where they will be assigned.

ア．decide　　　イ．decided　　　ウ．deciding　　　エ．to decide

20. The citizens of the town strongly urged that the mayor （　　　）
postpone the budget meeting to the following week.

ア．has not　　　イ．is not　　　ウ．not　　　エ．will not

IV　次の各英文の意味に最も近いものを，ア〜エから一つ選べ。

21. The Prime Minister ruled out an increase in the tax rate.

ア．The Prime Minister admitted there could be an increase in the rate
of tax.

イ．The Prime Minister demanded an increase in the rate of tax.

ウ．The Prime Minister discussed an increase in the tax rate.

エ．The Prime Minister eliminated the possibility of an increase in the
tax rate.

22. The company finally pulled the plug on the research project.

ア．The business finally decided to criticize the research project.

イ．The business finally stopped the research project from continuing.

ウ．The company finally agreed to start the research project.

エ．The company finally benefitted from the research project.

23. Tomoki refrained from smoking at the evening party.

ア．At the party in the evening, Tomoki avoided smoking.

イ．At the party in the evening, Tomoki banned smoking.

ウ．Tomoki allowed everyone to smoke at the evening party.

エ．Tomoki decided to quit smoking permanently at the evening party.

24. Each month, the company saved some money for a rainy day.

ア．Each month, the business saved for a time when the funds would be needed.

イ．Each month, the company saved some money to pay for expenses related to bad weather.

ウ．The business saved some funds each month in order to reduce their debts.

エ．The company saved some money each month in order to be able to pay their taxes.

V　次の（ a ）に示される意味を持ち，かつ（ b ）の英文の空所に入れるのに最も適した語を，それぞれア～エから一つ選べ。

25.　（ a ）a feature of a person or thing

（ b ）Passion for education is an essential （　　　） for a good teacher.

　　ア．attribute　　　　　　　　イ．outlook

　　ウ．peculiarity　　　　　　　エ．posture

26.　（ a ）in a very important or basic way

（ b ）The political system of China is （　　　） different from that of Italy.

　　ア．fundamentally　　　　　　イ．legally

　　ウ．typically　　　　　　　　エ．virtually

27.　（ a ）to say firmly or demand strongly

（ b ）My colleagues （　　　） that the company should reduce overtime work immediately.

　　ア．deny　　イ．disagree　　ウ．imply　　エ．insist

28.　（ a ）the process of people traveling to a new place to live, usually in great numbers

（ b ）In the past, there was a large （　　　） of Japanese citizens to

Brazil.

ア．exploration　　　　　イ．migration

ウ．residence　　　　　エ．voyage

29.（a）showing care and effort in carrying out tasks

（b）Trevor was a（　　）worker, but none of his co-workers noticed this.

ア．diligent　　　　　イ．moderate

ウ．productive　　　　　エ．tentative

Ⅵ　次の［A］〜［D］の日本文に合うように，空所にそれぞれア〜カの適当な語句を入れ，英文を完成させよ。解答は番号で指定された空所に入れるもののみをマークせよ。なお，文頭に来る語も小文字にしてある。

［A］母が買ってくれたセーターは好みではなかったが，受け取った時に嬉しそうにしてみた。

（　　）（　　）（　30　）（　　）（　　）（　31　）my taste, but I tried to look happy when I received it.

ア．bought　　　　イ．me　　　　ウ．my mother

エ．the sweater　　　オ．to　　　　カ．was not

［B］病院の調査に関しては，田中氏以外のすべての医師が協力している。

Regarding the investigation at the hospital, every（　　）（　32　）（　　）（　　）（　33　）（　　）cooperative.

ア．being　　　　イ．doctor　　　ウ．Dr. Tanaka

エ．is　　　　　オ．other　　　　カ．than

［C］エミは英語の課題をインターネットで翻訳するようなことは決してしない。

Emi（　　）（　34　）（　　）（　35　）（　　）（　　）her English assignments.

ア．above   イ．is   ウ．the internet
エ．to   オ．translate   カ．using

[D]　西田さんは昨年の 4 倍以上も多くぶどうを収穫した。
　　Mr. Nishida harvested more than（　　　）（　　　）（　36　）（　　　）
　　（　37　）（　　　）did last year.
　　　　ア．four times   イ．he   ウ．number
　　　　エ．of grapes   オ．that   カ．the

Ⅶ　次の英文を読み，あとの問いに答えよ。

　　There are many types of pollution, such as air and water pollution, both of which have attracted a lot of attention in the media. One type of pollution that is not discussed and almost forgotten is noise. In recent years, people have become concerned that noise pollution can have a bad effect on health. A number of studies have been carried out in order to investigate the relationship between noise pollution and health.

　　A group of researchers focused on the issue of noisy environments in and around airports. Previously, there had been no studies that investigated the effects of airplane noise on people living close to airports. In the four-year study, researchers measured the blood pressure of a group of healthy people every 30 minutes while they were asleep in their homes near a major European airport. The same thing was done at three other major European airports. They used recording equipment to measure what kind of noise had the biggest impact on blood pressure. Noises ranged from cars, trucks, trains, and street noise, to planes taking off and landing. The key factor investigated was the level of noise. The type of noise was not important. Airplane noise had the most significant effect.
(40)

　　In the second stage of the project, the research team compared the health of people who had lived for several years near a busy airport with those who lived in quiet areas with average amounts of noise. It quickly became clear that there was a correlation between airplane noise and high blood pressure. As researchers analysed the data, they concluded that noise levels of about 10 decibels increased the chance of high blood pressure by 14 percent in both men and women.

The main finding of the study was that airplane noise can have a negative effect on health, and that people living near airports are more likely to have high blood pressure. This finding is particularly important because it is known that high blood pressure can lead to heart failure, heart attack, and kidney failure. It affects more than a billion adults worldwide.

Many countries around the world are planning to increase the size of existing airports and build new ones. This means that more people will be affected by airplane noise. Are there any ways to protect people living near airports from the negative effects of noise? One method is to make sure that houses have sufficient noise insulation. Another is to reduce the number of planes taking off and landing at night.

問1 本文の第1段落の内容に合うものとして最も適当なものを，ア〜エから一つ選べ。(38)

ア．Despite the fact that numerous types of pollution such as air and water exist, they have failed to gain the attention of informational outlets.

イ．Noise pollution is an issue that people often forget or do not talk about while water pollution has gotten substantial media attention.

ウ．There has been a longtime concern that noise pollution's effect on a person's health can potentially be damaging.

エ．There have been no studies that have sought to understand the connection between noise pollution and health.

出典追記：Clive Langham 『Developing Academic English-intermediate』 朝日出版社

問 2　本文の第 2 段落の内容に合うものとして最も適当なものを，ア〜エから一つ選べ。(39)

　　ア．Data for the study was gathered from people who were living in close proximity to a total of three large airports in Europe.

　　イ．The location for researchers to study the problem of noise pollution was limited to the areas surrounding airports but not inside them.

　　ウ．While asleep, the blood pressure of the researchers was measured every half an hour over a four-year period.

　　エ．While noise from various sources was investigated, the type of noise was non-significant in its relation to blood pressure.

問 3　下線部(40)の内容として最も適当なものを，ア〜エから一つ選べ。

　　ア．Airplane noise was not demonstrably different to car, truck, and train noise with regards to their respective influence on blood pressure.

　　イ．Airplane noise was not involved in determining how blood pressure and noise are linked.

　　ウ．Airplane noise was the most impactful factor on blood pressure because it produced the greatest magnitude of noise.

　　エ．The type of airplane noise was the most important factor with respect to noise pollution and blood pressure.

問 4　本文の第 3 段落の内容に合うものとして最も適当なものを，ア〜エから一つ選べ。(41)

　　ア．A higher noise level resulted in a greater chance of high blood pressure, and the effect did not differ between the sexes.

　　イ．The health of people who lived near an airport for years versus those who lived in quieter areas was investigated during the initial part of the project.

　　ウ．The second phase of the study entailed a comparison between the researchers and those who lived in both quiet and noisy areas.

エ. While a correlation between high blood pressure and airplane noise was found, the discovery of this phenomenon was very gradual.

問5　本文の第4段落の内容に合うものとして最も適当なものを，ア～エから一つ選べ。(42)

ア. Even though airplane noise has an adverse effect on health, the potential impact on major organs is negligible.

イ. For people living near airports, it is improbable that their blood pressure would be higher than those living at a distance from airports.

ウ. It can be stated that high blood pressure induced by noise pollution affects a significant portion of the population around the globe.

エ. The main finding of the research established that noise from airplanes and people suffering from high blood pressure have a negative correlation.

問6　本文の第5段落の内容に<u>合わないもの</u>を，ア～エから一つ選べ。(43)

ア. A potentially helpful way to protect people living close to airports is to bring down the number of airplanes coming and going at night.

イ. It has been suggested that there is no need to install an adequate amount of insulation into houses to protect people who live near airports.

ウ. It is predicted that there will be an increase in people affected by airplane noise pollution in the years to come.

エ. There is a trend among countries in the world to expand existing airports and construct brand new ones.

問 7　本文の内容と合わないものを，ア〜キから二つ選び，(44)と(45)に一つず
つマークせよ。ただし，マークする記号（ア，イ，ウ，...）の順序は問わな
い。

ア．Air, water, and noise pollution have all received a great deal of
attention from informational sources such as TV and newspapers.

イ．Prior to the four-year study that was mentioned, studies that
investigated the effects of airplane noise on people living close to
airports were non-existent.

ウ．In order to investigate what kind of noise had the largest effect
on blood pressure, the researchers gathered data using devices
that captured sound.

エ．The researchers contrasted the health of people who had lived
near a busy airport with those who lived in areas with an above
average amount of noise.

オ．There was an over 10 percent increase in the likelihood of high
blood pressure with noise levels of approximately 10 decibels.

カ．Kidney and heart failure are known to be possible consequences
of high blood pressure.

キ．A couple of solutions were offered to help protect people living
near airports from the harmful effects of noise.

1 月 29 日実施分　　　解　答

Ⅰ　**解答**　〔A〕1 ―イ　2 ―エ　3 ―エ
　　　　　　〔B〕4 ―ア　5 ―ア　6 ―エ

◆◆全　訳◆◆

〔A〕≪オーストラリア旅行の打合せ≫

A：やあ，ロブ！　そろそろ僕たちの夏のオーストラリア旅行の計画を始めたほうがいいね。もうそんな先のことじゃないしね！

B：確かにそうだね。昨日の夜，ネットで飛行機のチケットを探してみた。利用できる便はたくさんあって，直行便に乗らなければかなり格安のもあるよ。

A：調べてくれてありがとう。でもできれば乗り換えの不便は避けたいな。

B：きみの言う通り。そのうえ，旅行の時間もかなり節約できるよ。

A：いいね。じゃあこれで決まり。宿泊は何か考えはある？

B：僕の友人がシドニー郊外の新しいアパートに住んでいて，僕たちは遠慮なくそこに居ていいよと言ってくれた。ただ彼のところは空いているベッドが 1 つしかないんだけど。

A：面白そう。さて，この話はうまくいきそうな感じだ。僕たちの 1 人はソファの上で過ごすしかないかなと思う。

B：僕ならそこでも我慢できると思う。

A：僕も同じ！　どこに泊まるか決まってよかった！　ほかに何か行く前にやっておくことはある？

B：えーと，確かに僕たちは何か旅行保険に入ったほうがいいな。

A：そうだね，最悪の事態が起きた場合に保険で補償されることは知っておかなければいけないね。

B：その通り。最近ではネットで保険の見積もりを取るのがいちばん速くて簡単だ。僕は医療関係だけでいい。

A：きみはいつも先のことまで頭が回るね！

〔B〕≪ショッピングモールで起きたこと≫

A：あのショッピングモールの 1 日はどうだった？

B：ひどい目にあった！　第一に，すごい数の人が入ろうとしてたから駐車場が満杯。僕は 2，3 ブロック離れたところに車を停めるほかなかった。

A：それはお気の毒。公共交通機関は使えなかったの？

B：もっと早くそう言ってくれればよかったのに。もし知っていたらそうしていたと思う。それにきっと運賃はショッピングモールに行くのにかかったお金と変わらなかっただろうね。

A：モールに入ったとたん，きっといい感じになったでしょう。

B：そうねえ，苦労していいシャツを見つけたけど，僕のサイズの品がなかった。店は僕のために取り寄せはできるけど配達はしないということだった。それを取りに行くためだけに，わざわざもう一度そこまで戻りたいとは思わなかったよ。

A：それはよくわかるわ。私は来週行くつもりなの，だからもしよかったら，あなたのために私が受け取ってもいいわ。

B：ありがとう。でも，もうネットで注文したから必要ないよ。

A：あなたが楽しめなかった理由がわかった。

B：でも，ちゃんといい知らせもある。そこで映画館に行ったんだ。リアム=ジョーンズの新作映画はすごくよかった。

A：あなたは私と一緒にそれを見に行くって約束したでしょう！

B：約束したよ！　あーっ，いけない！　でも，それがモールに出かけてよかったと思ったことなんだ。

A：この次は忘れないでね！　とにかく，あなたがこの次モールに行くときはもっと楽しめるように願っているわ！

━━━━━◀解　説▶━━━━━

〔A〕1．AとBが夏のオーストラリア旅行について話している。空所は，直後のBの発言 In addition to that「そのうえ」の代名詞 that が指す内容で，we'd save a ton of journey time「旅行の時間もかなり節約できる」に関連することである。したがって，イ．「でもできれば乗り換えの不便は避けたいな」が正解。他の選択肢は，ア．「それに途中でどこか見ていけるのもいい」，ウ．「でもそれでチケットの価格がいくらかでも節約できるかどうかわからない」，エ．「そこまで直行便で行けば旅行の時間はずっと短くなるだろう」である。

2．直前でBは，シドニー郊外のアパートに住む友人が泊めてくれると言っているが，空いているベッドは1つしかないと言っている。直後のBの発言「僕ならそこでも我慢できると思う」から，多少我慢しなければならないことがあると考えられる。したがって，エ．「僕たちの1人はソファの上で過ごすしかないかなと思う」が正解。他の選択肢は，ア．「でも本当に僕は街の真ん中で滞在したくないな」，イ．「でもホテルのほうが快適だから，僕はホテルに泊まるだけにする」，ウ．「そこが現代的な場所でなくても，僕は気にもならない」である。

3．空所の直後で，Aが「そうだね，最悪の事態が起きた場合に保険で補償されることは知っておかなければいけないね」と言っている。したがって，エ．「えーと，確かに僕たちは何か旅行保険に入ったほうがいいな」が正解。他の選択肢は，ア．「念のため，予備の毛布を買うことも考えておこう」，イ．「休暇中に着る服を買いに行くのは確かに必要だ」，ウ．「行ってはいけないところを知っておくために，いいガイドブックを買う必要がある」である。

〔B〕4．直後のBの発言 I wish you'd suggested that earlier. I would've done so if I'd known.「もっと早くそう言ってくれればよかったのに。もし知っていたらそうしていたと思う」の代名詞 that および代動詞 done so の内容が空所である。さらに続くBの発言に「それにきっと運賃はショッピングモールに行くのにかかったお金と変わらなかっただろうね」とある。したがって，ア．「公共交通機関は使えなかったの？」が正解。他の選択肢は，イ．「それよりもっと近くに駐車場がある」，ウ．「どうして，もっと落ち着いた雰囲気の平日にそこに行かなかったの？」，エ．「その日もっと早い時間に行けばよかったのに」である。

5．直後のAの That's understandable.「それはよくわかるわ」の That が空所の内容である。直前でBは「店は取り寄せはできるけれど配達はしない」と言っており，直後にBは「もうネットで注文した」と言っている。したがって，ア．「それを取りに行くためだけに，わざわざもう一度そこまで戻りたいとは思わなかった」が正解。他の選択肢は，イ．「やり方がわかれば，ネットで買うだろう」，ウ．「戻ってそれを取りに行くべきかどうかよくわからない」，エ．「それはつまりもう一度そこまでわざわざ行かなければいけないということさ」である。

6．直前でBが「リアム=ジョーンズの新作映画はすごくよかった」と言っており，直後でBは，「あーっ，いけない！」と言っている。続くAの発言の「この次は忘れないでね！」から，Bが何か忘れていたことがわかる。したがって，エ．「あなたは私と一緒にそれを見に行くって約束したでしょう！」が正解。他の選択肢は，ア．「それはあまり面白くないって私は聞いたわ！」，イ．「その映画をあなたに勧めた覚えがあると私は思う！」，ウ．「そのチケットを手に入れたなんて，本当によくやったね！」である。

Ⅱ　解答　7一ク　8一オ　9一エ　10一キ　11一ウ　12一イ

◆全　訳◆

≪龍について≫

　龍は多くの文化のなかで神話に登場する伝説の生き物だ。それは蛇，爬虫類，また鳥のような姿をしている。文化的に龍の伝統は2種類ある。ヨーロッパの龍とアジアの龍だ。

　多くのアジア文化では，龍は神や自然と結びつけられている。龍は何らかのかたちで魔力や超自然的な力を持っている。いくつかの文化では，龍は人間の言葉を話すこともできる。ほとんどの龍は蛇のような姿で，知力が備わっている。龍には4本の脚があるが，翼はない。アジアでは，龍は人々に敬われ，時には神々として崇拝の対象になる。

　一方ヨーロッパでは，龍は英雄たちによって挑まれ退治される生き物だ。聖書では，1匹の蛇がイブに禁断の林檎を食べさせようとする，だからこの蛇が最初の龍かもしれないと言われている。ヨーロッパで，龍はキリスト教より前に存在していた。それゆえ，キリスト教の力を示すために龍は滅ぼされなければならない対象となった。

　たしかに龍は東洋と西洋で別々に発達を遂げたかもしれないが，幾多の時代のなかで龍はお互いに影響しあっていたのだろう。今日，多くのコンピュータゲームで龍が使用されている。日本の架空の怪獣ゴジラは，おそらく現代における1頭の龍なのである。

◀解　説▶

7．空所を含む文の It は第1段第1文（A dragon is …）の A dragon を

指しており，空所には蛇や鳥と並んで龍の姿を思わせる動物が入る。したがって，ク．reptile「爬虫類」が正解。

8．link *A* to *B*「*A* を *B* に結びつける」の受動態は *A* be linked to *B*「*A* が *B* に結びつけられる」である。*A* が dragons, *B* が a god or nature であれば「龍は神や自然と結びつけられている」となり，意味が通る。したがって，オ．linked が正解。

9．空所を含む文は「ほとんどの龍は蛇のような姿で，（　9　）が備わっている」という意味。龍がどのようなものか説明していることから，エ．intelligence「知力，知能」を入れて with intelligence「知力が備わっている」とする。

10．空所は dragon にかかる形容詞が入る。空所の前の this snake は聖書に登場するイブに禁断の林檎を食べさせようとする邪悪な蛇である。第 3 段第 1 文（In Europe, on …）に「龍は退治される生き物」とあることから，キ．original「最初の，元来の」が正解。

11．空所を含む文は，主語が dragons「龍」で，後ろに before Christianity「キリスト教より前に」とあることから，空所には動詞が入る。「龍はキリスト教より前に存在していた」とすれば，直後の文「それゆえ，キリスト教の力を示すために龍は滅ぼされなければならない対象となった」とつながる。したがって，ウ．existed「存在した，あった」が正解。

12．空所は前置詞 over につながる名詞が入る。over the ages「幾多の時代を経て，ずっと長い間」ならば，前後の「たしかに龍は東洋と西洋で別々に発達を遂げたかもしれないが…龍はお互いに影響しあっていたのだろう」につながる。したがって，イ．ages が正解。

III **解答** 13—ウ　14—エ　15—エ　16—イ　17—エ　18—ウ
19—ウ　20—ウ

◀解　説▶

13．「もう少しやる気があったならば，ボブはこのオリンピック大会で競技に出られたのに」

with は，仮定法の文中で「～があれば，～があったならば」という意味で用いられることがある。could have competed は仮定法過去完了で

「競技に出られたのに（実際は出られなかった）」という意味である。これに対応して With a little more motivation とすれば「もう少しやる気があったならば」となって意味が通る。したがって，ウ．With が正解。イ．Being は「～であって，～であるので」などを意味する分詞になり，主節の主語 Bob が意味上の主語になるから，意味を成さない。

14.「駐車場で見かけたその男性は，自分の車のドアをまるで魔法でそれを開けようとしているかのようにじっと見つめていた」

as if to *do* で「まるで～するかのように」という意味で，as if の後の S V が一定の条件のもとで省略されたものである。to *do* の形に合うのはウ．to be opened とエ．to open である。不定詞の意味上の主語が The man であること，後ろに it（＝the door of his car）with magic「それ（＝自分の車のドア）を魔法で」が続くことからエが正解。

15.「先週の火曜日に新入生のための図書館案内が予定されていたにもかかわらず，決まっていた開始時間に 1 人も学生がいなかった」

空所の条件は，Even though ～「～にもかかわらず」に対応して「誰もいなかった」と否定の意味になることと，直後の be 動詞 were につながることである。none は no＋名詞（単数および複数）を意味する代名詞。したがって，エ．none が正解。他の選択肢は単数扱いである。

16.「自然災害の被害者を支援するのに，私としてはお金を送るよりボランティアとして働くのを選ぶ」

prefer は，prefer *A* to *B*「*A*（名詞）を *B*（名詞）より好む」，prefer *doing* to *doing*「～するのを…するより好む」，prefer to *do*〔*doing*〕rather than（to）*do*〔*doing*〕「～するのを…するより好む」などの用法がある。したがって，イ．rather than が正解。

17.「2 年前に私が訪れたメルボルンは，いま大変な水不足なので市民は植物の水やりを 2 日に 1 回しか許されていない」

空所は Melbourne を先行詞とする関係詞が入る。空所の後の I visited two years ago とのつながりを考える。動詞 visit の用法は I visited (Melbourne) two years ago. である。したがって，エ．which が正解。

18.「去年イギリスでホームステイを経験したので，タロウはイギリスの文化に慣れている」

空所の条件は，主節の主語 Taro が意味上の主語になることと，直後の

a homestay in the U. K. last year につながることである。したがって，「タロウは去年イギリスでホームステイを経験したので」という意味になるウ．Having experienced が正解。完了形になっているのは，主節の時制よりも以前に起こったことを示している。

19.「新入社員研修がまだ継続中なので，新入社員をどこに配属させるかという決定を上司はまだ完了していない」

　finish *doing* で「〜するのを完了する，〜し終える」という意味。したがって，ウ．deciding が正解。

20.「市長が予算会議を翌週に延期しないように，その町の市民は強く訴えた」

　urge that S (should) *do* で「Sが〜するように強く訴える」という意味。否定は urge that S (should) not *do*「Sが〜しないように強く訴える」である。したがって，ウ．not が正解。

Ⅳ　解答　21—エ　22—イ　23—ア　24—ア

◀解　説▶

21.「首相は税率引き上げの可能性を排除した」

　rule out 〜 は「〜の可能性を排除する，〜を認めない」という意味。したがって，この意味に最も近いのは，エ．「首相は税率引き上げの可能性を排除した」である。他の選択肢は，ア．「首相は税率引き上げがあり得ると認めた」，イ．「首相は税率引き上げを要求した」，ウ．「首相は税率引き上げについて論じた」である。

22.「会社はついにその研究計画に見切りをつけた」

　pull the plug on 〜 は「〜に見切りをつける，〜を見捨てる」という意味。したがって，この意味に最も近いのは，イ．「会社はついにその研究計画の継続をやめた」である。他の選択肢は，ア．「会社はついにその研究計画を批判することに決めた」，ウ．「会社はついにその研究計画を始めることに同意した」，エ．「会社はついにその研究計画から利益を得ることができた」である。

23.「トモキはその夜会でタバコを吸うのを控えた」

　refrain from *doing* は「〜するのを控える，〜するのを遠慮する」とい

う意味。したがって，この意味に最も近いのは，ア.「その夜会で，トモキはタバコを吸うのを避けた」である。他の選択肢は，イ.「その夜会で，トモキはタバコを吸うことを禁止した」，ウ.「トモキはその夜会ですべての人にタバコを吸うのを許可した」，エ.「トモキはその夜会でタバコを吸うのを一生やめようと決意した」である。

24.「毎月，その会社は万一の時に備えて貯蓄をしていた」

　save (money) for a rainy day は「将来の困窮時に備えてお金を貯めておく」という意味。したがって，この意味に最も近いのは，ア.「毎月，その会社は資金が必要になる時に備えて貯蓄をしていた」である。他の選択肢は，イ.「毎月，その会社は悪天候に関連する費用が払えるように貯蓄をしていた」，ウ.「その会社は負債を減らすために毎月資金を貯蓄していた」，エ.「その会社は税金が払えるように毎月貯蓄をしていた」である。

V

解答　25—ア　26—ア　27—エ　28—イ　29—ア

◀解　説▶

25. (a)「人や物の特質」
(b)「教育への情熱はよい教師に不可欠な特質だ」
　イ.「見解」　ウ.「(奇妙な) 特殊性」　エ.「(身体の) 姿勢」
26. (a)「とても重要なあるいは基本的な面で」
(b)「中国の政治体制はイタリアの政治体制とは根本的に異なる」
　イ.「法律的に」　ウ.「典型的に」　エ.「事実上」
27. (a)「しっかり言う，あるいは強く要求する」
(b)「会社はただちに時間外労働を削減せよ，と私の同僚たちは主張している」
　insist that S (should) do で「Sは〜するべきだと主張する」という意味を表す。ア.「〜を否定する」　イ.「同意しない」　ウ.「〜をほのめかす」
28. (a)「通常多数で，人々が新たな場所に移動して住みつく過程」
(b)「かつて，日本の国民のブラジルへの大規模な移住があった」
　ア.「探検」　ウ.「住居」　エ.「航海」
29. (a)「業務を行う際に注意力と努力を発揮している」
(b)「トレバーは勤勉な労働者だったが，彼の同僚でこのことに気づいた者

は 1 人もいなかった」

イ.「節度のある」 ウ.「生産性の高い」 エ.「一時的な」

VI 解答 30—ア 31—オ 32—オ 33—エ 34—ア 35—ウ
36—ウ 37—オ

◀解 説▶

30・31. The sweater my mother <u>bought</u> me was not <u>to</u> (my taste, but I tried to look happy when I received it.)

4 つの動詞 bought, was, tried, received が, それぞれ節を作る。buy *A B* または buy *B* for *A* で「*A*(人)に *B*(物)を買う」という意味。ここでは for がないので, my mother bought me the sweater「母が私にセーターを買った」という節にする。was は to *one's* taste「～の好みで」とともに the sweater was not to my taste「セーターは私の好みではなかった」という節にする。4 つの節をつなぐ接続詞は 3 つ必要である。but と when はあるが, もう 1 つは省略されている。the sweater を先行詞とする関係代名詞 which〔that〕で, The sweater (which〔that〕) my mother bought me とすれば「母が私に買ってくれたセーター」になる。

32・33. (Regarding the investigation at the hospital, every) doctor <u>other</u> than Dr. Tanaka <u>is</u> being (cooperative.)

other than ～ は「～以外」という意味。every doctor other than ～ で「～以外のすべての医師」となる。is being cooperative の is being は現在進行形で「いまこの瞬間に協力している」という意味を表す。

34・35. (Emi) is <u>above</u> using <u>the internet</u> to translate (her English assignments.)

above *doing* は「～するようなことは決してしない」という意味。不定詞の to translate は, ここでは「～を翻訳するために, 翻訳する目的で」という目的を表す用法。

36・37. (Mr. Nishida harvested more than) four times the <u>number</u> of grapes <u>that</u> he (did last year.)

more than four times で「4 倍以上」という意味。the number of ～「～の数」が「～と同じ数」の意味で用いられることがある。すなわち

more than four times the number of grapes that ～ ＝more than four times as many grapes as ～「～の4倍以上の数のぶどう」である。that he did last year の that は the number of grapes を先行詞とする関係代名詞，did は harvested を意味する代動詞。

Ⅶ　解答

問1．イ　問2．エ　問3．ウ　問4．ア　問5．ウ
問6．イ　問7．ア・エ（順不同）

◆全　訳◆

≪騒音と人の健康について≫

　色々な種類の汚染がある。たとえば大気汚染や水質汚染などで，これは両方ともメディアで大きな関心を集めてきた。議論にもならずほとんど忘れられている汚染の一種が騒音だ。ここ数年，騒音公害が健康に悪影響を及ぼす可能性があることに人々が不安を抱くようになった。騒音公害と健康の間の関係を調査するために数多くの研究が行われてきた。

　ある研究者のグループは空港の内部や周辺地域の騒音の多い環境の問題に注目した。それ以前に，空港の近くに暮らしている人々に対する航空機騒音の影響を調べた研究は一つもなかった。この4年に及んだ研究の中で，研究者たちは，健康な人たちのグループがヨーロッパの主要空港の近くの自宅で寝ている間，彼らの血圧を30分ごとに測定した。このことは別の3つのヨーロッパの主要空港でも同じことが行われた。どういった種類の騒音が血圧にいちばん大きな影響があるかを測定するため，研究者たちは録音装置を用いた。騒音は自動車，トラック，電車や通りの騒音から始まって，離陸あるいは着陸する際の飛行機に至るまで様々だった。調査でわかった主たる要因は騒音のレベルであった。騒音の種類は重大ではなかった。航空機の騒音がいちばん重大な影響を及ぼしていた。

　研究チームは，この研究計画の第2段階で，離発着の多い空港の近くで数年間暮らしていた人たちと平均的な騒音量の静かな場所で暮らした人たちの健康を比較した。航空機騒音と高血圧症の間に相関関係があることがすぐに明らかになった。研究者たちはデータを分析して，約10デシベルの騒音レベルで高血圧症になる可能性が男女ともに14％上がるという結論を下した。

　この研究の主な発見結果は，航空機騒音が健康に悪影響を及ぼす可能性

があること，そして空港の近くに暮らしている人たちは高血圧症になる可能性が高いということだった。高血圧症から心不全，心臓発作，そして腎不全になる可能性があることが知られているので，この発見結果はとりわけ重要だ。それは世界の 10 億人を超える成人に影響を及ぼしている。

　世界中の多くの国が既存の空港の規模を拡大し，新空港を建設する計画を立てている。それは航空機騒音の影響を受ける人たちの数がさらに増えることを意味している。空港の近くに暮らしている人たちを騒音の悪影響から守る方法は何かあるだろうか？　一つの方法は家屋に十分な防音材を入れるのを確実に行うことだ。また別の方法は夜間に離発着する飛行機の数を減らすことだ。

◀解　説▶

問 1．イ．「水質汚染がメディアで大きな関心を得てきた一方で，騒音公害は人々が忘れているかあるいは話題にもしないことが多い問題だ」が第 1 段第 1・2 文（There are many … forgotten is noise.）の内容に合う。ア．「大気汚染や水質汚染などおびただしい種類の汚染があるという事実にもかかわらず，このような汚染は出てくる情報としての関心が得られていない」は第 1 段第 1 文（There are many …）と不一致。ウ．「騒音公害の人の健康への影響は，潜在的に有害な可能性があるという不安感は長い間ずっと存在していた」は第 1 段第 3 文（In recent years, …）と不一致。エ．「騒音公害と健康の間の関係を理解しようと試みる研究は一つもなかった」は第 1 段第 4 文（A number of …）と不一致。

問 2．エ．「様々な音源からの騒音が調査されたが，血圧との関係において騒音の種類は重大ではなかった」が第 2 段第 5 ～ 8 文（They used recording … was not important.）の内容に合う。

ア．「研究用のデータは合計 3 つのヨーロッパの大きな空港の近くに住む人たちから集められた」は第 2 段第 3・4 文（In the four-year … major European airports.）と不一致。全部で 4 つのヨーロッパの主要空港の近くに住む人からデータを得たことになる。イ．「研究者たちが騒音公害問題を調査する場所は，空港の内部ではなく空港周辺地域に限られていた」は第 2 段第 1 文（A group of …）と不一致。ウ．「寝ている間，4 年の間 30 分ごとに研究者たちの血圧が測定された」は第 2 段第 3 文（In the four-year …）と不一致。

問 3．下線部は「航空機の騒音がいちばん重大な影響を及ぼしていた」という意味。ウ．「航空機騒音がいちばん大きい騒音を出していたので，それが血圧にいちばん大きな影響を与える要因だった」がこの内容に合う。他の選択肢が，ア．「それぞれ血圧への影響について，航空機の騒音は自動車，トラックや電車の騒音と明白な違いはなかった」，イ．「どのように血圧と騒音が結びつくかを決定するのに，航空機の騒音は関係なかった」，エ．「騒音公害と血圧に関して，航空機騒音という種類がいちばん重要な要素だった」である。

問 4．ア．「より高レベルの騒音が高血圧症になる可能性を上げる結果を招いていた。そしてこの影響は男女間で違いがなかった」が第 3 段第 3 文（As researchers analysed …）の内容に合う。

イ．「計画の最初の段階で，空港の近くで数年間暮らしていた人たちとそれより静かな場所で暮らした人たちの健康調査が行われた」は第 3 段第 1 文（In the second …）と不一致。ウ．「研究の第 2 段階のあとで，研究者たちと静かな場所と騒音のある場所で暮らした人たちの比較をせざるをえなくなった」は第 3 段第 1 文（In the second …）と不一致。エ．「高血圧症と航空機騒音の間の相関関係が見いだされたが，この現象が発見されたのは本当にゆっくり少しずつであった」は第 3 段第 2 文（It quickly became …）と不一致。

問 5．ウ．「騒音公害により誘発される高血圧症が世界人口の相当な部分に影響を及ぼしていると言ってよい」が第 4 段第 2・3 文（This finding is … billion adults worldwide.）の内容に合う。

ア．「航空機騒音が健康に悪い影響を及ぼすにもかかわらず，主要な臓器に対する潜在的な影響の可能性は取るに足りないものだ」は第 4 段第 1・2 文（The main finding … and kidney failure.）と不一致。イ．「空港の近くに暮らす人たちにとって，空港から遠く離れたところに暮らす人たちより血圧がより高くなるとは考えにくい」は第 4 段第 1 文（The main finding …）と不一致。エ．「航空機からの騒音と高血圧症にかかっている人たちに，負の相関関係があるということが，この研究の主な発見結果で確定した」は第 4 段第 1 文（The main finding …）と不一致。

問 6．イ．「空港の近くに暮らしている人たちを守るのに，家屋に十分な防音材を入れる必要はまったくないのではないかと言われてきた」が第 5

段第 3・4 文（Are there any … sufficient noise insulation.）の内容に合わない。よって，これが正解。

ア.「空港の近くに暮らしている人たちを守るのに役立つ可能性がある方法は，夜間に離発着する飛行機の数を減らすことだ」は第 5 段第 3 文（Are there any …）と第 5 段第 5 文（Another is to …）に一致。ウ.「これから何年も先に航空機の騒音公害の影響を受ける人たちの数が増えるだろうと予測されている」は第 5 段第 2 文（This means that …）と一致。エ.「世界の国々で既存の空港の規模を拡大し新空港を建設しようとする傾向がある」は第 5 段第 1 文（Many countries around …）と一致。

問 7.　ア.「大気汚染，水質汚染，また騒音公害はすべてテレビや新聞などの情報源から大きな注目を受けてきた」が，第 1 段第 1・2 文（There are many … forgotten is noise.）の「ほとんど忘れられている汚染の一種が騒音だ」という内容に合わない。エ.「研究者たちは，離発着の多い空港の近くで暮らしていた人たちと平均を超える騒音量の場所で暮らした人たちの健康を比較した」の above average「平均を超える」が，第 3 段第 1 文（In the second …）の average amounts of noise「平均的な騒音量」という内容に合わない。アとエが正解。

イ.「ここで述べられた 4 年間の研究の前に，空港の近くに暮らしている人々に対する航空機騒音の影響を調べた研究は存在しなかった」は，第 2 段第 2・3 文（Previously, there had … major European airport.）と一致。ウ.「どういった種類の騒音が血圧にいちばん大きな影響があるかを調べるために，研究者たちは音をとらえる装置を用いてデータを集めた」は，第 2 段第 5 文（They used recording …）と一致。オ.「10 デシベル近い騒音レベルでは高血圧症になる可能性が 10％以上増加した」は，第 3 段第 3 文（As researchers analysed …）と一致。カ.「腎不全と心不全は高血圧症からなりやすいものであることが知られている」は，第 4 段第 2 文（This finding is …）と一致。キ.「騒音の有害な影響から空港の近くに暮らしている人たちを守る助けになるように，いくつかの方法が示された」の「いくつかの方法」は，第 5 段第 3～5 文（Are there any … landing at night.）の「家屋に十分な防音材を入れる」，また「夜間に離発着する飛行機の数を減らす」という方法と一致。

（60分）

Ⅰ　次の対話文の空所に入れるのに最も適当なものを，それぞれア～エから一つ選べ。

〔A〕

A： Thanks again for waiting while we took statements from the drivers.

B： That's not a problem, officer. I parked and got out to make sure no one was injured.

A： Well, everyone's fine as you can see. Can you tell me what happened?

B： Of course. Actually, I _____1_____ .

A： Well, that'll certainly leave little doubt as to who's at fault. We're getting different accounts of what happened from the drivers.

B： It's pretty clear. The white minivan was driving really fast and entered the right lane without using its turn signal.

A： That was when the accident occurred?

B： Not exactly. I was behind the woman in the sports car, and she honked as the minivan turned recklessly into her lane. _____2_____

A： Why did the minivan's driver do that?

B： I'm not sure, but I suppose he was angry at the woman for using her horn. She couldn't stop in time. That's why she crashed into the rear of the minivan.

A： The minivan's driver told me that he quickly braked because the large truck in front of him suddenly slowed down. Do you recall seeing any of this?

B： _____3_____

A： The woman's version matches yours in that there were only the three cars. You know, stories will change again once both drivers know of your recording.

1. ア. have the whole thing recorded here on my dash camera
   イ. heard the accident as I was walking my dog nearby
   ウ. was riding my motorcycle when I saw the crash happen
   エ. wish I had recorded it on my smartphone

2. ア. The minivan accelerated into the side of the woman's sports car.
   イ. The minivan then quickly slowed down causing the accident.
   ウ. The woman quickly turned and was able to avoid the minivan.
   エ. The woman was using her smartphone and swerved to miss the minivan.

3. ア. I just can't remember if there was one on the road or not.
   イ. I remember a large truck parked on the side of the road.
   ウ. I saw the video again, and we were the only vehicles on the road.
   エ. I think there was a large truck driving pretty fast behind me.

〔B〕

A: This is the first time you two have visited here, right?

B: Yes, it is. I'd really appreciate any recommendations regarding things my daughter and I might see and do.

A: _____4_____ would be perfect. The views out the windows are incredible.

B: I think we'll try doing that. The only problem is I get motion sickness easily.

A: I have a weak stomach, too, but I've never had any trouble. Even when the waves are a bit rough, it's a smooth ride!

B： Great! What are your thoughts about spending a day in Jilooly Park and Glassworks?

A： Well, the glass sculptures and displays are stunning, ＿＿＿5＿＿＿ .

B： Waiting isn't an issue, as my daughter always carries a book to read. And, we're on vacation, so I've budgeted for high-priced meals.

A： You're lucky your daughter is patient. Some kids have trouble waiting for long periods of time.

B： Anything else you can recommend?

A： One other fun thing to do is to go to Light Plaza Market. There are loads of different shops, and the best part is the ＿＿＿6＿＿＿ .

B： I'd love to go there, but do they really allow children to enter?

A： They certainly do, as long as the kids are with someone of legal drinking age. They also make their own soft drinks that your daughter can try!

4．ア．Riding the city monorail
　　イ．Riding the local express bus around town
　　ウ．Taking a ferry boat ride
　　エ．Taking an elevator to the top of Crest Tower

5．ア．and the food is affordable, but the lines are long
　　イ．and the lines aren't long, but the food is plain
　　ウ．the food is overpriced, and the lines are long
　　エ．the lines aren't long, and the food is delicious

6．ア．five-floor bookstore that has almost every title
　　イ．local theater where you can see live musicals
　　ウ．native American art gallery where you can see artists working
　　エ．working brewery with a pub upstairs that you can visit

Ⅱ　次の英文の空所に入れるのに最も適当な語を，ア～クから選べ。ただし，同じものを繰り返し用いてはならない。

　　　In 2015, scientists of the Ocean Cleanup Foundation conducted a survey using 30 boats with nets crossing the ocean at the same time. As a result, they （　7　） 1.2 million plastic samples. After that, a military plane equipped with advanced technology, was used to spot large plastic objects in the ocean and measure the garbage's （　8　）. They found that the Great Pacific Garbage Patch was 1.6 million km^2, about 4.2 times the size of Japan. Ninety-two percent of the area was made up of large objects, and it is estimated that they will break down into microplastics over the next few （　9　）. It is a matter of great （　10　） for everyone.

　　　Microplastics contain tiny pieces of （　11　） raw material called "resin pellets" as well as broken pieces of large objects such as plastic containers. These microplastics （　12　） harmful chemicals while floating in the sea. If fish and other marine life eat them, this could lead to a disruption of their ecosystems, and the subsequent effects on the food chain could eventually impact human health.

ア．absorb　　　　イ．collected　　　　ウ．concern

エ．decades　　　　オ．density　　　　カ．industrial

キ．phase　　　　ク．usability

出典追記：仲谷都，油木田美由紀，山崎勝，Chad Godfrey『Discuss the Changing World』成美堂

Ⅲ　次の各英文の空所に入れるのに最も適当な語句を，ア～エから一つ選べ。

13. (　　　) do you think of the current situation in developing countries where people are still facing economic problems?

ア．How　　　　　イ．What　　　　　ウ．Which　　　　　エ．Who

14. A lot of the flowers you see in this park (　　　) with help from local schoolchildren.

ア．has been planted　　　　　　イ．has planted

ウ．have been planted　　　　　　エ．have planted

15. (　　　) of the two scientific experts mentioned that the problem could be solved within the year.

ア．Neither　　　イ．None　　　ウ．Not all　　　エ．Not any

16. (　　　) among the event organizers, the total cost of giving the online seminar was not particularly high.

ア．Shared　　　　　　　　イ．Sharing

ウ．Those shared　　　　　　エ．To share

17. Mark does not seem to eat much now, but his parents know he (　　　).

ア．used to　　　　　　　イ．was used to

ウ．would do　　　　　　エ．would have done

18. Although crude oil prices had been increasing, the government argued that the electric rates (　　　).

ア．be reduced　　イ．reduce　　　ウ．reduced　　　エ．was reduced

19. The bill was eventually passed (　　　) the different opinions within the ruling parties.

ア．despite 　　　　イ．nevertheless　ウ．otherwise　　　エ．unlike

20. The advertisement says its stylish, compact design is (　　　) makes the new product so attractive and useful to teenagers.

ア．how　　　　　　イ．that　　　　　　ウ．what　　　　　エ．which

Ⅳ　次の各英文の意味に最も近いものを，ア～エから一つ選べ。

21. Phillip was able to bow out of the university speech contest.

ア．Phillip could apply to give a speech at the university's speech contest.

イ．Phillip could participate in the speech contest at the university.

ウ．Phillip was able to judge the speech contest at the college.

エ．Phillip was able to withdraw from the college speech contest.

22. Many students complete their homework at the last minute.

ア．A large number of students spend little time completing their homework before it is due.

イ．A lot of students finish their homework just prior to when it is due.

ウ．There are plenty of students who complete their homework shortly following the due date.

エ．There are quite a few students finishing their homework well after the due date.

23. Some of the staff are apt to come late to morning meetings.

ア．It is a tendency for some of the workers to join morning meetings after they begin.

イ．Joining morning meetings late is an uncommon practice for some of the staff.

ウ．Some of the staff try to avoid attending morning meetings after they start.

エ. Some of the workers refuse to attend morning meetings once they are late to work.

24. We made believe we were famous athletes supported by many fans.

ア. We hoped we would be famed athletes supported by numerous followers.

イ. We pretended we were well-known athletes supported by lots of followers.

ウ. We were assured that we were renowned athletes loved by numerous supporters.

エ. We were confident we would be prominent athletes loved by lots of supporters.

V 次の(a)に示される意味を持ち，かつ(b)の英文の空所に入れるのに最も適した語を，それぞれア〜エから一つ選べ。

25. (a) a group of people who are elected to make and change the laws of a country
   (b) The country's (　　　) made some important decisions concerning income taxes.
      ア. association　　　　　　　　イ. foundation
      ウ. jury　　　　　　　　　　　エ. parliament

26. (a) an activity that a person does often for enjoyment
   (b) My grandmother's (　　　) is to sit on the front porch and watch pedestrians walk by.
      ア. chore　　　イ. endeavor　　　ウ. exertion　　　エ. pastime

27. (a) to make something continue at the same level or standard

（b）Despite the ongoing diplomatic crisis, the two countries managed to（　　　）their friendly relations.

ア．attain　　　　イ．contain　　　　ウ．maintain　　　エ．regain

28.　（a）in a manner without wasting time, money or energy

（b）The country leads the world in developing（　　　）batteries used in hybrid vehicles.

ア．artificial　　　　　　　　　イ．efficient

ウ．precise　　　　　　　　　　エ．sophisticated

29.　（a）completely or in every way

（b）Detecting the earthquake, the train slowed down until it stopped（　　　）.

ア．altogether　　　　　　　　イ．furthermore

ウ．meanwhile　　　　　　　　エ．regardless

Ⅵ　次の［A］〜［D］の日本文に合うように，空所にそれぞれア〜カの適当な語句を
　　入れ，英文を完成させよ。解答は番号で指定された空所に入れるもののみをマーク
　　せよ。なお，文頭に来る語も小文字にしてある。

［A］　マスクを常に着けたままでコミュニケーションをとることの難しさに我々は
　　　気づいた。

　　　　We　became　aware　of（　　）（　30　）（　　　）（　　　）（　　　）
　　　（　31　）at all times.

　　　　　ア．communicating　　　イ．in　　　　　　　　ウ．on

　　　　　エ．our masks　　　　　オ．the difficulty　　カ．with

［B］　そのシステムが長年の課題を解決することに寄与してきたことは否定のしよ
　　　うがない。

　　　　（　　）（　32　）（　　　）（　　　）（　　　）（　33　）solving　the　long-
　　　standing issue.

　　　　　ア．denying that　　　イ．has contributed　ウ．no

　　　　　エ．the system　　　　オ．there is　　　　　カ．to

［C］　その長くて難しい学術講演を聴いている間，集中力を保つのが大変だった。

　　　　I（　　）（　34　）（　　　）（　　　）（　35　）（　　　）during　the　long,
　　　difficult academic lecture.

　　　　　ア．demanding　　　　イ．found　　　　　　ウ．it

　　　　　エ．keep　　　　　　　オ．my concentration　カ．to

［D］　彼は，災害が発生した時にボランティアによる援助がどのように組織化でき
　　　るかの講義を受けたかった。

　　　　He　wanted　to　attend　a　lecture（　　　）（　　　）（　36　）（　　　）
　　　（　　　）（　37　）when a disaster strikes.

　　　　　ア．be organized　　　イ．can　　　　　　　ウ．help

　　　　　エ．how　　　　　　　オ．on　　　　　　　　カ．volunteer

Ⅶ　次の英文を読み，あとの問いに答えよ。

Mars is the most Earth-like planet in the solar system, with a hard, rocky surface and a huge supply of frozen water at the poles. Although no signs of life have been detected there yet, it does seem to possess the basic building blocks that make the evolution of microscopic organisms possible. At the very least, it may be that life has existed there in the past, if not now. Nor is the distance between Earth and Mars too great. When the orbits of the two planets are at their closest, the journey could be made in just 260 days.

That said, however, there are significant challenges in creating a permanent colony on Mars. First of all, there is the problem of landing. The atmosphere is much thinner than that of Earth, which means that slowing a heavy spacecraft down has to be done using rockets rather than parachutes. Currently, NASA is only able to land a 1-ton vehicle on Mars's surface, whereas a manned craft would have to be at least 10 times heavier than that.

Secondly, with an average temperature of minus 60 degrees Celsius and air composed mainly of carbon dioxide, humans could not survive on Mars without a spacesuit. They would have to create an airtight base that is able to withstand the freezing temperatures and violent dust storms that are common on Mars. It would also have to provide enough space for people to live comfortably. The physical and psychological difficulties of living in a cramped space over a long period of time cannot be overestimated.

Thirdly, there is the issue of food. Water could be taken from the poles, where the first settlement is likely to be established. But while the soil on Mars does contain some of the minerals that plants need, it lacks the necessary nutrients and contains harmful toxins.

All these problems mean that it may be a long time before we
(43)
possess the necessary technical expertise to establish a long-term colony

on Mars. The determination to try, however, is certainly there. Whether our aim is to use Mars as a base from which to explore other parts of our solar system or as a way to guarantee the survival of the human race after Earth becomes uninhabitable, it seems likely that one day human beings will become a multi-planetary species.

問 1　本文の第 1 段落の内容に合うものとして最も適当なものを，ア～エから一つ選べ。(38)

　　ア．It is evident that life endures on Mars, since the evolutionary principles that exist on Earth are also present on Mars.

　　イ．Mars and Earth are the most similar planets, since neither have ice masses at their far extremities.

　　ウ．When the orbits of Earth and Mars are at their nearest, it is thought that travel between the two planets could occur in less than a year.

　　エ．Within our solar system, the two planets that seem to be the most dissimilar are Mars and Earth.

問 2　本文の第 2 段落の内容に<u>合わないもの</u>を，ア～エから一つ選べ。(39)

　　ア．At present, the only piloted spacecraft with humans aboard that has landed on Mars has weighed one ton.

　　イ．Establishing a human settlement on Mars will be difficult, since landing a spacecraft on the planet poses a very serious technical problem.

　　ウ．One issue that is preventing a permanent colony on Mars is NASA's inability in landing a heavy spacecraft on Mars' surface.

　　エ．Slowing a spacecraft from Earth to Mars will require the use of a powered landing as opposed to a parachute landing.

問 3　本文の第 3 段落の内容に合うものとして最も適当なものを，ア～エから一つ選べ。(40)

出典追記：Dave Rear『Science Arena』成美堂

ア. Mars's extremely cold temperatures make a permanent colony difficult, unless scientists can create an artificially controlled facility.

イ. Of little concern when discussing the habitation of Mars are the unique complications placed on humans living there over a lengthy term.

ウ. Overestimating the mental issues of humans living in close proximity to one another can be avoided when discussing the colonization of Mars.

エ. The air on Mars consists mainly of carbon dioxide, and thus poses little safety risk for human colonization.

問 4　本文の第 4 段落の内容に合うものとして最も適当なものを，ア〜エから一つ選べ。(41)

ア. It is expected that if people from Earth do colonize Mars, they would probably first inhabit a place far from the polar regions.

イ. One drawback about settling on Mars is that the soil consists of dangerous poisons, preventing the growing of a sustainable food supply.

ウ. The dirt for growing crops on Mars appears to contain the necessary minerals and other elements needed for growing plants.

エ. Water is a unique issue when discussing human habitation of Mars as water can only be found in the interior regions.

問 5　本文の第 5 段落の内容に合わないものを，ア〜エから一つ選べ。(42)

ア. A permanent settlement on Mars may be established in order to prolong the existence of the human race.

イ. Despite the hurdles that presently exist, humans in the not-too-distant future will soon establish a permanent colony on Mars.

ウ. Mars might be inhabited someday as a location where humans might explore other planets and areas of our solar system.

エ. There is a high degree of possibility that humans will live on a planet other than Earth someday in the future.

問6　下線部(43)の内容に<u>含まれないもの</u>を，ア～エから一つ選べ。

ア. challenges adapting to the atmosphere and creating breathable air on the planet Mars

イ. difficulty concerning the time and distance to travel between Earth and Mars

ウ. inability to grow plants, and therefore food on the planet Mars

エ. issues building an airtight base where humans could live comfortably on Mars

問7　本文の内容と合うものを，ア～キから<u>二つ</u>選び，(44)と(45)に一つずつマークせよ。ただし，マークする記号（ア，イ，ウ，...）の順序は問わない。

ア. Due to the evolutionary evidence seen on the surface of Mars, scientists have concluded that life has existed there in the past.

イ. The use of parachutes is being explored as a way in which NASA can slow down a manned spacecraft to land on the surface of Mars.

ウ. There are just a few minor issues that need to be solved before NASA lands a manned spacecraft on Mars and begins colonization of the planet.

エ. To survive on Mars, humans would have to construct an airtight base that could protect the inhabitants from both the severe cold and horrific storms that regularly occur.

オ. One problem of a settlement on Mars is that people find it stressful psychologically to live in a confined space for lengthy periods of time.

カ. The growing of food needed to sustain a permanent settlement on Mars is relatively trouble-free since there is an abundant supply of water at the polar regions.

キ. There are so many problems at present that there is little resolve on the part of humankind to create a permanent settlement on Mars.

2 月 11 日実施分　　解　答

I　**解答**　〔A〕1 ―ア　2 ―イ　3 ―ウ
　　　　　　〔B〕4 ―ウ　5 ―ウ　6 ―エ

◆全　訳◆

〔A〕《交通事故の現場検証》

A：運転手から供述を取っている間お待たせしました。またご協力ありがとうございます。

B：そのことなら大丈夫ですよ，お巡りさん。私は誰か 1 人でも怪我した人がいないか確かめるために車を停めて出てきたのです。

A：まあとにかく，ご覧の通り全員無事です。何があったか私に話してもらえますか？

B：もちろんです。実は，この私のダッシュボードカメラに全部記録されています。

A：おお，それならきっと誰に過失があるかについてほとんど疑いの余地はないでしょう。我々のところに運転手たちから起きたことについて違う説明がきているのです。

B：何があったか明明白白です。白のミニバンがすごい速さで走っていて，方向指示を出さないまま右側車線に入りました。

A：それは事故が発生したときのことですか？

B：そういうことではありません。私はスポーツカーに乗った女性の後ろにいました。ミニバンが女性の車線の中に無謀に入ってきたとき女性はクラクションを鳴らしました。ミニバンがその後，急に速度を落として事故が起きたのです。

A：なぜミニバンの運転手はそんなことをしたのですか？

B：私にははっきりわかりませんけど，女性がクラクションを鳴らしたので腹が立ったのではないでしょうか。女性は車を止めようとしましたが間に合いませんでした。だから女性はミニバンの後部に衝突したのです。

A：ミニバンの運転手は，前にいた大型トラックが急に速度を落としたの

で急ブレーキを踏んだと私に言いました。このような場面は見覚えありますか？

B：私はビデオをもう 1 回見ましたが，道路にいたのは私たちの車だけでした。

A：車は 3 台だけだったという点で，女性の説明があなたの説明と合致します。2 人の運転手があなたの録画を見れば，また話が違ってくるでしょうね。

〔B〕≪親子連れへの観光案内≫

A：お二人がここに来たのは今回が初めてということですね？

B：ええ，そうです。娘と私が見物したり体験したりすることでお勧めのものを教えていただけたらとてもありがたいです。

A：連絡船に乗るのが文句なしにいいと思います。窓の外の眺めは信じられないほどです。

B：2 人で乗ってみようと思います。ただ一つだけ問題なのは，私はすぐ乗り物酔いすることです。

A：私も胃腸が弱いです。でも調子がおかしくなったことは今まで一度もありません。ちょっと波が高いときでさえ，滑らかな乗り心地ですよ！

B：それならよかった！　ジルーリパークとグラスワークスで 1 日を過ごすのをどう思いますか？

A：そうですねえ，ガラスの彫刻や展示品は驚くほど素晴らしいですね。食べ物は値段が高すぎで，長い行列ができます。

B：娘はいつでも読む本を持っているので，待つのは問題なしです。それに，私と娘はバカンスに来ていますから，値段の高い食事はちゃんと予算に入っています。

A：お嬢さんが辛抱強い人で幸せですね。長い間待っていられないお子様もいますからね。

B：ほかにお勧めはありますか？

A：もう一つ体験してみると楽しいのは，ライトプラザマーケットに行くことです。多種多様な店がどっさりあります。なかでも最高なのが，2 階に人々が行くことができるパブのある，酒類を製造中の醸造所です。

B：私はそこに行きたいですが，そこは本当に子供を中に入れてくれるでしょうか？

A：子供たちに法律上飲酒が許される年齢の人が同伴するならば，間違いなく入れてくれますよ。そこではお嬢さんが試しに飲める特製のソフトドリンクも作ってくれます！

━━━━━━━━━━◀解　説▶━━━━━━━━━━

〔A〕 1．交通事故現場で「何があったか私に話してもらえますか？」とAに言われて，Bは「もちろんです」と答えている。空所の後でAが「おお，それならきっと誰に過失があるかについてほとんど疑いの余地はないでしょう」と言っていることから，事故に関する疑いのない証拠をBが持っていることになる。したがって，ア．「この私のダッシュボードカメラに全部記録されています」が正解。他の選択肢は，イ．「私が近くで犬の散歩をしていたとき，事故の音が聞こえました」，ウ．「衝突事故が起きるのを目撃したとき，私はオートバイに乗っていました」，エ．「私のスマホでそれを録画しておけばよかったと思っています」である。

2．空所直前の「ミニバンが女性の車線の中に無謀に入ってきたとき女性はクラクションを鳴らしました」というBの発言を聞いて，AはWhy did the minivan's driver do that?「なぜミニバンの運転手はそんなことをしたのですか？」とたずねている。このthatが空所の内容である。続くBの発言で「女性がクラクションを鳴らしたので腹が立ったのではないでしょうか。女性は車を止めようとしましたが間に合いませんでした。だから女性はミニバンの後部に衝突したのです」と言っている。したがって，イ．「ミニバンがその後，急に速度を落として事故が起きたのです」が正解。他の選択肢は，ア．「ミニバンが速度を上げて女性のスポーツカーの側面に突っ込みました」，ウ．「女性はすばやく車の向きを変えてミニバンを避けることができました」，エ．「女性はスマホを使っていて，ミニバンを避けようと急ハンドルを切りました」である。

3．事故が起きたときミニバンの前に大型トラックを見たかどうか，AがBにたずねている。空所の直後でAが「車は 3 台だけだったという点で，女性の説明があなたの説明と合致します」と返事をしているので，大型トラックは存在しなかったのである。したがって，ウ．「私はビデオをもう1回見ましたが，道路にいたのは私たちの車だけでした」が正解。他の選

択肢は，ア.「私は道路に大型トラックがいたかどうかちょっと覚えていません」，イ.「私は道路脇に大型トラックが駐車していたのを覚えています」，エ.「私の後ろにかなり高速で走っていた大型トラックがいたと思います」である。

〔B〕4．娘を連れて初めてこの地を訪れたBがお勧めのものをたずねていて，空所の後でAは「窓の外の眺めは信じられないほどです」と答えている。選択肢は，ア.「市のモノレールに乗ること」，イ.「当地の町内周遊急行バスに乗ること」，ウ.「連絡船に乗ること」，エ.「エレベーターでクレストタワーのてっぺんまで行くこと」で，どれも窓の外の眺めが味わえるが，続くAの発言で「ちょっと波が高いときでさえ，滑らかな乗り心地ですよ！」とある。したがって，ウ.「連絡船に乗ること」が正解。

5．空所直前でBがジルーリパークとグラスワークスについてたずねている。空所直後でBは「娘はいつでも読む本を持っているので，待つのは問題なしです。それに，私と娘はバカンスに来ていますから，値段の高い食事はちゃんと予算に入っています」と言っている。したがって，ウ.「食べ物は値段が高すぎで，長い行列ができます」が正解。他の選択肢は，ア.「また食べ物は手ごろな値段です。でも長い行列ができます」，イ.「また長い行列はありませんが，食べ物はあっさりした味です」，エ.「長い行列はありません。また食べ物は美味しいです」である。

6．空所の直前でAはライトプラザマーケットに行くことを勧めており，「なかでも最高なのが…」と言っている。それを聞いたBが「子供を中に入れてくれるでしょうか？」とたずねると，Aは「法律上飲酒が許される年齢の人が同伴するならば，間違いなく入れてくれます」と答えている。ここから，空所はお酒が出される場所ということが推測される。したがって，エ.「2 階に人々が行くことができるパブのある，酒類を製造中の醸造所」が正解。他の選択肢は，ア.「ほとんどすべての出版物がある 5 階建ての書店」，イ.「生のミュージカルが見られる地元の劇場」，ウ.「芸術家たちが制作しているところが見られるネイティブアメリカンの美術ギャラリー」である。

Ⅱ 　**解答**　 7 ―イ　8 ―オ　9 ―エ　10―ウ　11―カ　12―ア

◆━━━━━━◆全　訳◆━━━━━━◆

≪海洋のプラスチックごみについて≫

　2015 年に，オーシャン・クリーンアップ基金の科学者たちは網をつけて同時刻に海洋を横切る 30 隻の船を使って，ある調査を行った。その結果，科学者たちは 120 万個のプラスチック標本を収集した。その後，海洋の中の大きなプラスチック製の物体を発見し，プラスチックごみの密度を測定するために，高度のテクノロジーを装備した 1 機の軍用機が使われた。太平洋ゴミベルトは 160 万平方キロメートル，およそ日本の面積の 4.2 倍であることが科学者たちはわかった。この区域の 92 ％は大きな物体でできていた。そしてこの大きな物体は，これから数十年の間にマイクロプラスチックに分解されると見積もられている。これはすべての人間にとって重大事だ。

　マイクロプラスチックには，プラスチック容器のような大きな物体が砕けた断片だけでなく「樹脂ペレット」と呼ばれる工業用の原材料の微細な断片も含まれる。このようなマイクロプラスチックは海中に浮かんでいる間に有害な化学物質を吸収する。もし魚や他の海洋生物がマイクロプラスチックを食べれば，これは海洋生物の生態系の破壊につながる可能性があり，さらにその後の影響が食物連鎖に及べば最終的に人間の健康に影響を与える可能性がある。

■━━━━━━━━◀解　説▶━━━━━━━━■

7．空所を含む文の主語の they は，第 1 段第 1 文（In 2015, scientists …）の scientists of the Ocean Cleanup Foundation で，目的語は 1.2 million plastic samples なので，空所には動詞が入る。「オーシャン・クリーンアップ基金の科学者たちは 120 万個のプラスチック標本を収集した」とすれば意味が通る。したがって，イ．collected が正解。

8．第 1 段第 4 文（They found that …）と同段第 5 文（Ninety-two percent …）の前半に「太平洋ゴミベルトは 160 万平方キロメートル，およそ日本の面積の 4.2 倍であることが科学者たちはわかった。この区域の 92 ％は大きな物体でできていた」とあることから，「プラスチックごみの密度を測定する」とするのが適当である。したがって，オ．density が正

解。

9．空所は few につながる複数名詞が入る。エ．decades「数十年」を入れると over the next few decades「これから数十年の間に」となり，「この大きな物体はマイクロプラスチックに分解されると見積もられている」という文脈に合う。したがって，エが正解。

10．空所を含む文の It は第 1 段第 5 文（Ninety-two percent …）の「太平洋上のプラスチックがやがてマイクロプラスチックに分解される」ことを指す。誰にとっても「それは大いに心配なこと」である。したがって，ウ．concern が正解。

11．空所は，直後の raw material「原材料」につながる形容詞が入る。「『樹脂ペレット』と呼ばれる工業用の原材料」とすれば意味が通る。したがって，カ．industrial が正解。

12．主語が These microplastics で，目的語が harmful chemicals なので，空所は動詞が入る。「このようなマイクロプラスチックは有害な化学物質を吸収する」とすれば意味が通る。したがって，ア．absorb が正解。

Ⅲ　解答　13—イ　14—ウ　15—ア　16—ア　17—ア　18—ア
19—ア　20—ウ

◀解　説▶

13．「人々がまだ経済的な問題に直面している発展途上国の現状をあなたはどう思いますか？」

What do you think も How do you think も「あなたはどう思いますか」と和訳されるが，その意味は異なる。What「何，どのようなこと」は名詞で，あなたが考えている事柄や中身を表し，How「どのように，どんな方法で」は副詞で，あなたの考え方や思考方法を表す。本問では，「発展途上国の現状」についてあなたが考えている中身について問われていると考えられる。したがって，イ．What が正解である。

14．「みなさんがこの公園で見ているたくさんの花は，地元の小学生に手伝ってもらって植えられたものです」

A lot of the flowers を主語とする動詞が入る。主語が複数で，意味が「花」であることから，have で始まり受け身になっているウ．have been planted が正解である。

15.「その 2 人の科学の専門家のどちらも，この問題が年内に解決できるとは言わなかった」

　neither は 2 つの人や物について述べるのに用いる。その他の none, all, any は「2」という数に限定されることはない。ここでは the two scientific experts「2 人の科学の専門家」について述べている。したがって，ア．Neither が正解。

16.「複数のイベント実行組織の間で分担したので，このオンラインセミナーを催す総経費はあまり高くならずに済んだ」

　ウ．Those shared を入れると Those shared among the event organizers「複数のイベント実行組織の間で分担される Those」となり，Those の指すものが不明であるばかりか，文法上後ろの主節につながらない。ウ以外の選択肢は，share「～を分担する，分け合う」から作られた準動詞である。ア．Shared は過去分詞で「分担される」，イ．Sharing は現在分詞または動名詞で「～を分担している，分担すること」，エ．To share は不定詞で「～を分担するために」などの意味になる。空所の前に準動詞の意味上の主語がないので，主節の主語 the total cost「総経費」が空所の前に省略されていると考える。「総経費」は複数のイベント実行組織の間で「分担される」ものである。したがって，ア．Shared が正解。

17.「マークは今では大食いをしないようだが，前は大食いをしていたのをマークの両親は知っている」

　but「だが，しかし」の前後で対比されている内容を考える。前の does not … eat much now に対して，後ろを used to (eat much) とすれば，現在の事実と過去の事実が明確に対比される。したがって，ア．used to が正解。used to *do*「かつては～した」

18.「原油価格が上昇し続けていたにもかかわらず，政府は電気料金を下げよと主張した」

　argue that S (should) *do* は「S は～すべきだと主張する」という意味。空所の前が the electric rates なので，「下げられる」と受動態になり，動詞は原形で表すので be reduced となる。したがって，アが正解。

19.「政府与党内で異論があったにもかかわらず，結局その法案は可決された」

　空所の後の the different opinions は名詞。名詞と結びついて「にもか

かわらず」という意味になるものが入る。したがって，前置詞であるア．despite が正解。イ．nevertheless「それにもかかわらず」とウ．otherwise「そうでなければ」は副詞。エ．unlike は前置詞で「〜と違って」という意味。

20.「この流行に合った小型のデザインこそ，この新製品が十代の人たちをとても引きつけて，使いやすいものにしているというのが宣伝文句だ」

　says, is, makes で動詞が 3 つだから，節が 3 つある。3 つの節をつなぐには接続詞が 2 つ必要である。1 つは says (that) its stylish, compact design is … で省略された that で，残る 1 つが空所である。空所の後には動詞 makes があることから，空所の条件は，接続詞であることと，単独で主語になることである。what を関係代名詞として用いると what (S) makes (V) the new product (O) so attractive and useful to teenagers (C) のように節ができあがる。したがって，ウ．what が正解。ア．how は副詞だから主語になれない。イ．that は主語になるが，that makes … という用法においては接続詞ではない。エ．which は接続詞で主語にもなるが，先行詞がないから疑問詞として「どちら，どれ」という意味になり，空所に入れても意味が通らない。

Ⅳ　解答　21−エ　22−イ　23−ア　24−イ

◀解　説▶

21.「フィリップは大学のスピーチコンテストを辞退することができた」

　bow out of 〜 は「〜を辞退する，〜から身を引く」という意味。エの withdraw from 〜「〜から退く，撤退する」がほぼ同じ意味を表す。したがって，この意味に最も近いのは，エ．「フィリップは大学のスピーチコンテストから退くことができた」である。他の選択肢は，ア．「フィリップは大学のスピーチコンテストに応募できるだろう」，イ．「フィリップは大学のスピーチコンテストに参加できるだろう」，ウ．「フィリップは大学のスピーチコンテストの判定をくだすことができた」である。

22.「多くの学生は土壇場で宿題をやり終えるものだ」

　at the last minute は「土壇場で，ぎりぎりの時間に」という意味。イの just prior to 〜 は「〜の直前に」で，when it (＝their homework) is due は「宿題の提出期限のとき」である。したがって，イ.「多くの学生は提出期限の直前に宿題をやり終える」がこの意味に最も近い。他の選択肢は，ア.「多くの学生は提出期限前に宿題を終えるのにほとんど時間をかけない」，ウ.「提出日より少し後に宿題をやり終える学生が多い」，エ.「とっくに提出日が過ぎてから宿題をやり終える学生がかなり多い」である。

23.「一部のスタッフは朝の会議に遅れがちだ」

be apt to *do* は「〜しがちだ，〜することが多い」という意味。アの a tendency to *do* は「〜する傾向」という意味。したがって，この意味に最も近いのは，ア.「朝の会議が始まってから会議に出るのが一部の労働者の傾向だ」である。他の選択肢は，イ.「朝の会議に遅れて出るのは一部のスタッフにはふつう見られない習慣だ」，ウ.「一部のスタッフは朝の会議が始まった後は会議に出るのを避けようとする」，エ.「ひとたび仕事に遅刻したとなると，一部の労働者は朝の会議に出席するのを拒む」である。

24.「私たちは多くのファンに支えられている有名運動選手のふりをした」

make believe (that) 〜 で「〜のふりをする」という意味。イの pretend (that) 〜 も「〜のふりをする」という意味。したがって，この意味に最も近いのは，イ.「私たちは多くのファンに支えられている名の知れた運動選手のふりをした」である。他の選択肢は，ア.「私たちは無数のファンに支えられている有名運動選手になりたいと思っていた」，ウ.「私たちは無数のファンに愛される有名な運動選手だと確信していた」，エ.「私たちは多くのファンに愛される著名な運動選手になるだろうと確信していた」である。

V　解答　25—エ　26—エ　27—ウ　28—イ　29—ア

◀解　説▶

25.（a）「国の法律を作ったり変えたりするために選挙で選ばれた人たちの集まり」

（b）「その国の国会は所得税に関するいくつかの重大な決定を行った」

ア.「協会」　イ.「財団」　ウ.「陪審」

26. (a)「人がしばしば楽しみでやること」
(b)「私の祖母の<u>趣味</u>は表玄関に座って歩行者が歩いていくのをじっと眺めることです」
　ア.「雑用」　イ.「努力」　ウ.「骨折り」

27. (a)「同一の水準や標準で何かを続けること」
(b)「外交上の危機が続いているにもかかわらず，両国は友好関係をなんとか<u>維持する</u>ことができた」
　ア.「～を獲得する」　イ.「～を含む」　エ.「～を回復する」

28. (a)「時間，お金，エネルギーを無駄にしないやり方で」
(b)「複合型の乗り物に使用される<u>効率のよい</u>蓄電池の開発においては，その国が世界の先頭に立っている」
　ア.「人工的な」　ウ.「正確な」　エ.「洗練された」

29. (a)「完全に，あらゆる方法で」
(b)「地震を感知すると，その列車は速度を落としてついに<u>完全に</u>動きを止めた」
　イ.「さらに」　ウ.「その間に」　エ.「関係なく」

VI 解答
30―イ　31―ウ　32―ウ　33―カ　34―ウ　35―エ
36―カ　37―ア

◀解　説▶

30・31. (We became aware of) the difficulty <u>in</u> communicating with our masks <u>on</u> (at all times.)

aware of ～「～に気づく」　前置詞 of の後は名詞が続く。difficulty in *doing*「～することの難しさ」　with our masks on「マスクを着けたままで」の with は付帯状況を示す用法。

32・33. There is <u>no</u> denying that the system has contributed <u>to</u> (solving the long-standing issue.)

there is no *doing*「～することはできない」　deny that S V「～を否定する」　contribute to *doing*「～することに寄与する」

34・35. (I) found <u>it</u> demanding to <u>keep</u> my concentration (during the long, difficult academic lecture.)

find it＋形容詞（相当語句）＋to *do* で「～することは…だと思う」とい

う意味。demanding は動詞 demand「(権利として強く)～を要求する」から作られた現在分詞，すなわち形容詞相当語句で「過度に要求する，過大な労力を要する，大変だ」という意味。keep *one's* concentration「～の集中力を保つ」

36・37. (He wanted to attend a lecture) on how <u>volunteer</u> help can <u>be organized</u> (when a disaster strikes.)

a lecture on ～「～についての講義」 空所の前に wanted，空所の後に strikes，空所の中に can を伴う動詞がある。動詞が3つならば，節も3つであるから，接続詞が2つある。1つは空所の後の when，もう一つは空所の中の how である。ここに注目して how S V の形を作る。

Ⅶ 解答
問1．ウ 問2．ア 問3．ア 問4．イ 問5．イ
問6．イ 問7．エ・オ（順不同）

◆全 訳◆

≪人間の火星移住について≫

火星は太陽系の中でいちばん地球に似ている惑星で，硬い岩石に覆われた表面と両極には膨大な量の凍った状態の水がある。まだ生物の痕跡は見つかっていないが，火星は微生物の進化を可能にする基本的な構築材料を間違いなく持っているように思われる。現在そこに生物は存在しないとしても，どれほど少なく見積もっても，過去においてそこには生物が存在したであろう。それに地球と火星の距離が遠すぎるということもない。この2惑星の軌道がいちばん接近するときには，たった260日で旅行ができてしまうのである。

しかし，そうは言っても火星に永続的な移住地を作り出すのには，かなり大きな難題がいくつかある。まず初めに，着陸の問題がある。大気が地球の大気よりかなり薄いということは，重たい宇宙船の速度を下げるのはパラシュートではなくロケットを使用してやらなければならないことになる。現時点で，NASA にできるのは重量1トンの乗り物を火星に着陸させることだけだが，有人宇宙船は少なくともその重量の10倍重くならざるをえないだろう。

2番目に，セ氏マイナス60度の平均気温と大部分が二酸化炭素から成る大気では，宇宙服なしで火星で人間が生き延びるのは不可能だろう。凍

結温度や火星でよく起こる猛烈な砂塵に耐えられる空気を漏らさない基地を，人間は新たに作らなければならないだろう。その基地に人々が快適に暮らせるだけの広さを与えることも必要だろう。狭苦しい空間に長期間暮らすのが肉体的にも心理的にも難しいということは，いくら言っても過言ではない。

　３番目に，食糧の問題がある。水は北極と南極から採取できるだろうし，その場所は最初の居留地が作られる可能性が高いところだ。ところが，植物に必要な何種類かのミネラルは火星の土壌に含まれているが，植物に必要な栄養素はなく，有害な毒素が含まれている。

　このすべての難題が意味するものは，われわれ人間が火星に長期的移住地を作るのに必要な技術上の専門知識を持つのは，だいぶ先のことになりそうだということである。それでも，やってみようという決意があるのは確かだ。われわれ人間の目標が，わが太陽系の他の場所を探索する基地として火星を利用することであれ，あるいは地球が住めない場所になった後に人類の生存を保証するための手段として火星を利用することであれ，いずれにしても，いつか人類が多惑星生息生物になる可能性は高いと思われる。

━━━━━◀解　説▶━━━━━

問１．ウ.「地球と火星の軌道がいちばん接近するとき，この２惑星間の旅行は１年足らずで行えるだろうと考えられている」が第１段第５文（When the orbits …）の内容に一致する。

ア.「火星に生物が存続しているのは明らかだ。地球に存在する進化の原理は火星にも現存するのだから」は第１段第２・３文（Although no signs … if not now.）と不一致。イ.「火星と地球は最もよく似た惑星だ。どちらもはるかな極地に大きな氷塊がないので」は第１段第１文（Mars is the …）と不一致。エ.「私たちの太陽系の中で，最も似ていないと思われる２つの惑星は火星と地球である」は第１段第１文（Mars is the …）と不一致。

問２．ア.「現在，火星に着陸した人間が乗って操縦する唯一の宇宙船は１トンの重量であった」が，第２段第４文（Currently, NASA is …）の内容に合わない。よって，これが正解。

イ.「火星に人間の移住地を作り出すのは難しいだろう。なぜなら火星に

宇宙船を着陸させることには非常に重大な技術的な問題があるからだ」は第 2 段第 1 〜 3 文（That said, however, … rather than parachutes.）と一致。ウ.「火星に永続的な移住地を作るのを妨げている問題の一つは，NASA が重い宇宙船を火星の表面に着陸させられないことだ」は第 2 段全体と一致。エ.「地球から火星への宇宙船の速度を下げるには，パラシュートによる着陸ではなく動力による着陸を用いる必要があるだろう」は第 2 段第 3 文（The atmosphere is …）と一致。

問 3．ア.「科学者たちが人工的に管理される施設を作れないならば，火星の極度に冷たい温度のために永続的な移住地は難しい」が，第 3 段第 1・2 文（Secondly, with an … common on Mars.）の内容に一致する。イ.「火星で長期間暮らす人間が負わされる特異で複雑な問題は，火星移住について論じる際ほとんど心配することはない」は第 3 段第 4 文（The physical and …）と不一致。ウ.「火星移住について論じる際，互いに密に接近して暮らす人間の精神上の問題をあまりにも大きく考えすぎるのは回避可能だ」は第 3 段第 3・4 文（It would also … cannot be overestimated.）と不一致。エ.「火星の大気は主に二酸化炭素でできていて，それゆえ人間の移住にとって安全へのリスクはほとんどない」は第 3 段第 1 文（Secondly, with an …）と不一致。

問 4．イ.「火星に居留するにあたっての障害の一つは，その土壌が危険な有毒物質から成っており，持続可能な食糧物資を育てることができないことだ」が，第 4 段第 3 文（But while the …）の内容に一致する。ア.「人間が地球から火星に実際に移住したならば，おそらく人間は最初に極地から遠く離れた場所に住みつくだろうと予想される」は第 4 段第 2 文（Water could be …）と不一致。ウ.「火星で農産物を育てるための土は，植物を育てるのに必要なミネラルやその他の成分を含んでいるようだ」は第 4 段第 3 文（But while the …）と不一致。エ.「人間の火星移住について論じる際，水は特異な問題だ。なぜなら水は内陸部でしか見つからないからだ」は第 4 段第 2 文（Water could be …）と不一致。

問 5．イ.「いま存在している数々の障害にもかかわらず，あまり遠くない将来に人間は火星に永続的な移住地をすぐ創設するだろう」の in the not-too-distant future「あまり遠くない将来に」が，第 5 段第 1 文（All these problems …）の it may be a long time before …「…はだいぶ先の

ことになりそうだ」の内容に合わない。よって，これが正解。

ア.「人類の生存をさらに延ばすために，火星に永続的な居留地が設立されるかもしれない」，ウ.「人間が私たちの太陽系の他の惑星や範囲を探索する活動場所として，いつか火星に人間が住みつくかもしれない」，エ.「人間がいつか将来地球以外の惑星に暮らす高い可能性がある」は，それぞれ第 5 段第 3 文（Whether our aim …）と一致。

問 6 . 下線部 All these problems は，第 2 段第 2 文（First of all, …）「まず初めに，着陸の問題…」，第 3 段第 1 文（Secondly, with an …）「2 番目に，セ氏マイナス 60 度の平均気温…」，第 4 段第 1 文（Thirdly, there is …）「3 番目に，食糧の問題…」で始まり，それぞれの段落で詳しく触れている 3 つの問題を指す。

イ.「地球と火星の間を旅する時間と距離に関する難点」は，第 1 段第 4・5 文（Nor is the … just 260 days.）で触れられているが，第 2〜4 段の All these problems の内容には含まれない。よって，これが正解。

ア.「火星でその大気に適応し呼吸できる空気を作り出す難題」は第 3 段第 1・2 文（Secondly, with an … common on Mars.）の内容に含まれる。ウ.「火星では植物を育てられない，それゆえ食物を育てられないこと」は第 4 段第 3 文（But while the …）の内容に含まれる。エ.「火星で人間が快適に暮らせる空気が漏れない基地を建設する問題」は第 3 段第 2〜4 文（They would have … cannot be overestimated.）の内容に含まれる。

問 7 . エ.「火星で生存するためには，厳しい寒さと定期的に起きる恐ろしい嵐の両方から住んでいる人たちを守る空気を漏らさない基地を，人間が作らなければならないだろう」が第 3 段第 2 文（They would have …）の内容に一致する。オ.「火星の居留地の問題の一つは，人間は狭い場所で長期間暮らすと心理的にストレスを感じることだ」が第 3 段第 4 文（The physical and …）の内容に一致する。エとオが正解。

ア.「火星の表面で見られる進化の証拠によって，火星に過去において生物が存在したと科学者たちは判断した」は第 1 段第 2 文（Although no signs …）と不一致。イ.「NASA が火星の表面に着陸する有人宇宙船の速度を落とすことができる方法として，パラシュートの使用が現在調査されている」は第 2 段第 3 文（The atmosphere is …）と不一致。ウ.

「NASA が火星に有人宇宙船を着陸させて火星への移住を始める前に，解決することが必要な些細な問題はごくわずかである」は第 5 段第 1 文（All these problems …）と不一致。カ.「火星での永続的な居留を持続するのに必要な食物の栽培は，比較的問題がない。なぜなら極地に豊富な供給量の水があるからだ」は第 4 段第 3 文（But while the …）と不一致。キ.「現在とても多くの問題があるので，火星に永続的な居留地を作ろうという人類としての決意はほとんどない」は第 5 段第 1・2 文（All these problems … is certainly there.）と不一致。

2 月 13 日実施分　　問　題

(60 分)

Ⅰ　次の対話文の空所に入れるのに最も適当なものを，それぞれア～エから一つ選べ。

〔A〕

A： Hey, Jane. Have you got everything ready for our trip to Hawaii?

B： Nearly, Mom. I just have to decide what I'm going to wear on the plane.

A： Have you packed the camera?

B：＿＿＿＿1＿＿＿＿

A： Yeah, that would work, but we spent a lot of money on the new one. We really should take it, too.

B： Alright. I'll put it in. And also, did you remember to buy sunscreen on the way home today?

A： Oh, I completely forgot about that. Never mind. ＿＿＿＿2＿＿＿＿ There should be time.

B： Yeah, we don't fly until 2 p.m., so that should be easy. What time is the taxi coming to take us to the airport?

A： At 10 a.m., and it takes just over an hour, so we'll have time to have lunch at the airport, too.

B： Oh, yeah. But ＿＿＿＿3＿＿＿＿ .

A： Great idea. Then we won't be so full when they serve us on the plane.

1．ア．I didn't actually, because it's big.

　　イ．I packed that before anything else.

　　ウ．I thought I would use my mobile.

　　エ．I'll do it tomorrow before we leave.

2．ア．I didn't think it would be necessary.

　イ．I think we can probably get some at the airport.

　ウ．We could always just buy it in Hawaii.

　エ．We have never used it before anyway.

3．ア．let's just have a light meal and coffee at the airport cafe

　イ．there's unlikely to be anything to eat on the plane

　ウ．we should call the airline and order a meal in advance

　エ．we should probably have a big lunch before we check in

〔B〕

A：Mom, can you drive me to band practice later tonight?

B：Tonight? Why's your school band practicing at night?

A：The city band contest is next weekend, and we're learning a new song.

B：Oh, I'd really love to see the competition. ＿＿＿＿4＿＿＿＿

A：Our teacher said they've moved it to the new concert hall in town.

B：Well, that certainly is an improvement from last year.

A：Yeah, so we're all excited to be playing there for the first time.

B：That's wonderful news. ＿＿＿＿5＿＿＿＿

A：That's true, but I think this year will sound great. The concert will be in the main hall.

B：Also, it probably has more seating, too. Last year the school gym was full of people and it got a little hot.

A：Yeah, I remember that. And this year ＿＿＿＿6＿＿＿＿ .

B：And if you win that, you'd go on the nationals in Tokyo! Your school has never advanced to that stage.

A：We still have to win the city contest first. So can you please drive me to practice?

4．ア．Are you nervous to be playing in the contest?

　　　イ．Can I buy some tickets through your school?

　　　ウ．What time will your practice end?

　　　エ．Where is it scheduled to be held?

5 ．ア．I think all of you have been working hard for a long time.

　　　イ．Seating can be a problem in concerts when many people go.

　　　ウ．The sound in the school auditorium wasn't the best.

　　　エ．You've played there many times before so don't be nervous.

6 ．ア．after I graduate, I want to continue studying music in Tokyo

　　　イ．I don't know whether the concert hall will be air-conditioned

　　　ウ．the top two schools go on to the regional finals next month

　　　エ．will be the last time they use the concert hall before it closes

Ⅱ　次の英文の空所に入れるのに最も適当な語を，ア〜クから選べ。ただし，同じものを繰り返し用いてはならない。

　　　In today's world, many people worry about the planet. They dislike the （　7　） of modern homes. They disagree with the idea that we are unable to change the way we live. For these people, the ideal home is one that does not harm the earth. Michael Reynolds lives in New Mexico. He lives in an Earthship. Believe it or not, an Earthship is made from old tires filled with earth. The walls are often made from empty tin cans, plastic bottles, and other materials. All the power the Earthship （　8　） comes from the sun or wind. All the water the Earthship uses comes from rain. It is a very （　9　） and clean way of living.

　　　It's unfortunate that people think this kind of living is （　10　）. Michael （　11　） it isn't, and tries to educate others to understand this. He gives lectures, writes books, makes CDs, and is often in the media.

"I hope in my lifetime to see towns and cities built this way," says Michael. Thanks to his efforts, the number of Earthships around the world is （ 12 ）. Perhaps one day, living in an Earthship won't be unusual — we might all live this way!

ア．claims   イ．doubts   ウ．inconvenient

エ．increasing   オ．independent   カ．inefficiency

キ．issuing   ク．needs

Ⅲ　次の各英文の空所に入れるのに最も適当な語句を，ア～エから一つ選べ。

13. The safe shows no sign of （   ） although a thief broke in last night.

　　ア．having been touched   イ．having touched

　　ウ．touches   エ．touching

14. Imagine a situation （   ） you are alone in a desert island.

　　ア．what   イ．where   ウ．which   エ．why

15. We began to stand in line long before the tickets went on sale, （   ） we would have missed getting them.

　　ア．nevertheless   イ．otherwise   ウ．unless   エ．whereas

16. （   ） did they suspect that the valuables in their house were stolen while they were away.

　　ア．Little   イ．Not a little   ウ．Not least   エ．The least

17. One of these pills has the effect of keeping an adult （   ） for hours.

　　ア．awake   イ．awaken   ウ．wake   エ．woken

出典追記：Reading Keys New Edition Student Book1 by Miles Craven, Macmillan Education

18. Liz suggested (   ) be home by the time she gets home tomorrow.
　　ア. that they　　　イ. them that　　　ウ. them to　　　エ. to them that

19. The staff asked the old lady if this painting had been the one she
　　wanted (   ) in her room.
　　ア. display　　　　　　　　　イ. displayed
　　ウ. displaying　　　　　　　　エ. having displayed

20. You are allowed to wear (   ) clothes you find here in the closet.
　　ア. every　　　イ. however　　　ウ. whatever　　　エ. whoever

Ⅳ　　次の各英文の意味に最も近いものを，ア～エから一つ選べ。

21. Michelle was faced with a decision about her future.
　　ア. Michelle had already decided clearly about her future.
　　イ. Michelle had an important decision to make about her future.
　　ウ. Michelle sought advice about a decision she had to make about her
　　　　future.
　　エ. Michelle was given advice about a decision she had to make about
　　　　her future.

22. David blew off the meeting with his supervisor.
　　ア. David became angry at the meeting with his supervisor.
　　イ. David forgot about the meeting with his supervisor.
　　ウ. David ignored the meeting with his supervisor.
　　エ. David was late for the meeting with his supervisor.

23. Let's break the problem down before we continue.
　　ア. Let's look carefully at each part of the problem before we continue.
　　イ. Let's stop thinking about the problem and rest before we continue.

ウ. Why don't we decide on a problem and then continue?

エ. Why don't we try to solve the problem before we continue?

24. Many of the part-time workers are in the dark about the new schedule changes.

　ア. Many of the part-time workers are not happy with the new schedule changes.

　イ. Many of the part-time workers know nothing about the new schedule changes.

　ウ. New schedule changes have caused some confusion with many of the part-time workers.

　エ. New schedule changes have made many of the part-time workers move to the night shift.

V　次の（a）に示される意味を持ち，かつ（b）の英文の空所に入れるのに最も適した語を，それぞれア〜エから一つ選べ。

25. （a）a kind or forgiving attitude towards someone that you have the power or right to punish

　（b）The experienced judge showed (　　) by giving them a light sentence.

　　ア. duty　　　イ. grace　　　ウ. mercy　　　エ. relief

26. （a）an agreement about something by a group of people

　（b）The committee discussed the matter for four hours before finally reaching a (　　).

　　ア. compliance　　　　　　イ. consensus

　　ウ. destination　　　　　　エ. negotiation

27. （a）to provide someone with a place to stay or live

（ b ）This hotel can only（　　　）groups of four people or less.

　　ア．accommodate　　　　　　　イ．contain

　　ウ．manage　　　　　　　　　　エ．support

28.（ a ）happening repeatedly or all the time

　　（ b ）Tomoko and Haruka remained（　　　）friends throughout their entire lives.

　　　　ア．constant　　イ．identical　　ウ．mutual　　エ．temporary

29.（ a ）believed to be true, although sometimes doubted

　　（ b ）This product is（　　　）better for the environment, but I am not sure about that, actually.

　　　　ア．definitely　　　　　　　イ．essentially

　　　　ウ．supposedly　　　　　　　エ．tentatively

Ⅵ　次の［A］〜［D］の日本文に合うように，空所にそれぞれア〜カの適当な語句を入れ，英文を完成させよ。解答は番号で指定された空所に入れるもののみをマークせよ。なお，文頭に来る語も小文字にしてある。

［A］　メアリーはそのニュースに多くの人がびっくりしていることに驚きを感じた。

　　　Mary found（　30　）（　　　）（　　　）（　　　）（　　　）（　31　）at the news.

　　　　ア．amazed　　　　　イ．it　　　　　　ウ．many people

　　　　エ．surprising　　　　オ．that　　　　　カ．were

［B］　すべてが終わってから私は本当のことを知った。

　　　（　32　）（　　　）（　　　）（　　　）（　　　）（　33　）I know the truth.

　　　　ア．did　　　　　　　イ．everything　　　ウ．not

　　　　エ．over　　　　　　　オ．until　　　　　　カ．was

［C］ ソフィーは，顧客からの苦情にどのような措置を取るべきか同僚に助言を求めた。

　　　Sofie asked her colleague's advice (　　)(　34　)(　　)(　35　)(　　)(　　) against the complaint from a customer.

　　ア．as　　　　　　イ．measures　　　　ウ．she

　　エ．should take　　オ．to　　　　　　　カ．what

［D］ しみになるのを防ぐために，こぼれたものには徹底的な掃除が必要だった。

　　　(　　)(　　)(　　)(　36　)(　　)(　37　) to prevent staining.

　　ア．cleaning　　　イ．had been　　　　ウ．required

　　エ．spilt　　　　　オ．thorough　　　　カ．what

Ⅶ　次の英文を読み，あとの問いに答えよ。

　　When we think of agriculture, we have an image of rural areas with fields where farmers grow crops and raise animals to provide food. In recent years, there has been an increase in agriculture in cities and the expression 'urban agriculture' is being widely used. Let's look at why valuable space in cities is being used to grow food.

　　One issue with traditional farming is that food has to be transported long distances from farms to supermarkets in cities. A recent study found that on average food travels 2,000 kilometers before it reaches your plate. Such transportation results in increased CO_2 emissions that contribute to global warming. Another issue is that when food reaches a supermarket, it is no longer fresh.

　　People living in cities started experimenting with new ways of using agriculture in the city and made it an integral part of urban life. One aim was to utilize unused space in cities to grow things. This meant finding ways to exploit rooftops on buildings, walls of buildings, and small patches of vacant land. With advances in technology, growers developed soil-free methods that rely on a small amount of water that is enriched with organic materials, minerals, and bacteria. Water is recycled and no pesticides are used. Sustainability is a key goal in urban agriculture.

Based on the above methods, people found that fresh food could be produced using fewer resources. This means that urban agriculture has a low carbon footprint. Today inner city agriculture is booming across the world in cities like Shanghai, Tokyo, Bangkok, Paris, and London. Let's take a look at some examples of urban agriculture in those cities.

In Paris, a rooftop farm was opened in 2020. It is the largest in the world. It is 14,000 square meters, has twenty gardeners, and can produce 1,000 kilos of fruit and vegetables in the summer. Production is completely organic and sustainable. In addition to producing food, the farm has educational programs, and a system where local people can rent small spaces to grow their own vegetables.

The headquarters of a company in Tokyo is growing tomatoes and herbs in meeting rooms. In the lobby, there is a real rice paddy where rice is successfully grown. The presence of plants and vegetables in the company helps employees to relax and creates a sense of community among them. Food that is grown in the company is harvested by employees and used in the company cafeteria.

問 1　本文の第 1 段落の内容に合うものとして最も適当なものを，ア～エから一つ選べ。(38)

　　ア．For a long time, we have shared the image of agriculture as an activity in suburban areas.

　　イ．Nowadays, the term 'urban agriculture' is seldom used, as farming in cities is diminishing year by year.

　　ウ．The space in urban areas is so valuable that people do not utilize it for agriculture.

　　エ．The word 'agriculture' usually reminds us of the cultivation of

出典追記：Clive Langham『Developing Academic English-intermediate』朝日出版社

fields and raising animals in the countryside to provide food.

問2　本文の第2段落の内容に合わないものを，ア〜エから一つ選べ。(39)

ア．Food deteriorates if it has to be transported far away, from farms in the country to urban consumers.

イ．Food materials produced by rural farmers travel at least 2,000 kilometers in order to get to people in urban areas.

ウ．Traditional farming causes an increase in CO_2 emissions because food has to travel long distances to city supermarkets.

エ．Transporting harvested products can be problematic because it eventually causes global warming.

問3　本文の第3段落の内容に合うものとして最も適当なものを，ア〜エから一つ選べ。(40)

ア．Agriculture in urban areas exclusively focuses on farming within buildings.

イ．Residents in urban areas have become engaged in rural farming in order to integrate it into their lives.

ウ．Some urban farming practices use neither soil nor pesticides.

エ．Urban farming only uses a small amount of water, which is free of organic materials, minerals, and bacteria.

問4　本文の第4段落の内容に合わないものを，ア〜エから一つ選べ。(41)

ア．Crops are also grown in metropolitan areas outside of Japan.

イ．Farming is popular among those who live in some of the world's capitals.

ウ．Farming that requires fewer resources eventually leads to a lower carbon footprint.

エ．Fewer resources are required for traditional farming compared to urban agriculture.

問 5　本文の第 5 段落の内容に合うものとして最も適当なものを，ア～エから一つ選べ。(42)

　　ア. The farming techniques used in the rooftop garden in Paris do not involve organic and sustainable agricultural practices.

　　イ. The rooftop garden in Paris has sections where local residents can participate in growing food for free.

　　ウ. The rooftop garden in Paris is 14,000 meters wide, the largest farmland in the world.

　　エ. The size of the rooftop garden in Paris is unrivaled in the world, with twenty gardeners attending it.

問 6　本文の第 6 段落の内容に合うものとして最も適当なものを，ア～エから一つ選べ。(43)

　　ア. Food grown in the office is harvested by people who do not work for the company.

　　イ. In a company branch office in Tokyo, tomatoes and herbs can be grown in the meeting rooms.

　　ウ. The company has created an indoor space for growing rice, where the grain is harvested.

　　エ. The green environment in the office helps workers to feel relaxed but isolated.

問 7　本文の内容と合わないものを，ア～キから二つ選び，(44)と(45)に一つずつマークせよ。ただし，マークする記号（ア，イ，ウ，...）の順序は問わない。

　　ア. When thinking about agriculture, people usually connect it with rural fields.

　　イ. Crops harvested in the countryside can retain freshness longer than those produced in urban areas.

　　ウ. Through trial and error, new methods of agriculture are becoming an essential part of urban life.

エ. Technological advances in urban farming include recycled water and soil with organic materials.

オ. In urban farming, people make the best use of space, be it part of a house or a small area outside.

カ. Some crops grown on the rooftop farm in Paris are raised by the citizens themselves.

キ. Rice and vegetables grown inside the office in Tokyo contribute to forming a sense of community among staff.

2 月 13 日実施分　　　解　答

I　**解答**　〔A〕1 ―ウ　2 ―イ　3 ―ア
　　　　　　〔B〕4 ―エ　5 ―ウ　6 ―ウ

◆全　訳◆

〔A〕≪ハワイ旅行の支度をしている母と娘≫

A：ねえ，ジェーン。私たちのハワイ旅行の準備は全部できた？

B：ほとんどできたわ，お母さん。あとは私が飛行機で着るものを決めるだけ。

A：カメラは入れてくれた？

B：私の携帯を使おうと思ってた。

A：そうね，携帯で撮れるでしょうけど，あの新しいカメラはずいぶんお金を使ったの。本当にあのカメラも持っていったほうがいいわ。

B：わかった。カメラを入れておくわ。それともう一つ，今日家に帰る途中で日焼け止めを買うのを忘れなかった？

A：あら，そのことすっかり忘れていたわ。でもまあいいわ。日焼け止めはたぶん空港で買えると思う。時間もあるはずだし。

B：そうね，私たち 2 時まで飛行機は飛ばないから，日焼け止めを買うのは楽々ね。空港まで私たちを乗せていくタクシーは何時に来るの？

A：午前 10 時よ，それでかかる時間は 1 時間ちょっとだけだから，空港でランチを食べる時間もあるわ。

B：ええ，そうね。でも空港のカフェで軽食とコーヒーだけにしましょう。

A：それがいいわ。それなら機内で食事が出た時に食べられないほどお腹がいっぱいにならないしね。

〔B〕≪バンドコンテストに出る学生とその母親≫

A：お母さん，後で今夜のバンド練習に車で送ってくれる？

B：今夜？　あなたの学校のバンドはどうして夜に練習するの？

A：市のバンドコンテストが来週末にあって，自分たちはいま新しい歌を練習しているところ。

B：あらそう，そのコンペはぜひ見たいわ。それはどこでやる予定？

Ａ：コンペは，町内の新しいコンサートホールに移ったと先生が言ってたよ。

Ｂ：まあ，確かにそれなら去年より 1 つ改善されたわね。

Ａ：その通り，だから自分たちは全員そこで初めて演奏するのをすごく楽しみにしてるんだ。

Ｂ：それはすばらしい知らせね。学校の講堂の音は，いちばんいいというわけではなかったわ。

Ａ：確かにそうだね，でも今年はすごいと思う。コンサートは大ホールでやる予定だから。

Ｂ：それに，そこはたぶん座席数ももっと多いでしょう。去年，学校の体育館は人がいっぱいで少し暑かったわ。

Ａ：そうだった，覚えてるよ。また今年は，上位 2 校が来月の地域決勝戦に進むんだ。

Ｂ：それでもしあなたたちが決勝戦に勝ったら，東京の全国大会に進むことになるのね！　あなたの学校がそこまで進んだことはいままで 1 回もなかったわ。

Ａ：自分たちはまず市のコンテストに勝たなくちゃいけない。だから，お願い，練習に車で送ってくれる？

■━━━━━━━━━ ◀解　説▶ ━━━━━━━━━■

〔Ａ〕１．ハワイ旅行の準備中に，Ａが「カメラは入れてくれた？」とＢにたずねる。続くＡの発言で that would work, but … We really should take it, too.「それ（＝that）でもいいでしょうけど…本当にあのカメラ（＝it）も持っていったほうがいいわ」と言っていることから，Ｂはカメラではなく別の何かを使おうとしていたことがわかる。したがって，ウ.「私の携帯を使おうと思ってた」が正解。他の選択肢は，ア.「実は入れなかったの，それは大きいから」，イ.「それは何よりも先に入れた」，エ.「明日私たちの出発前にそれをやります」である。

２．直前でＢが「今日家に帰る途中で日焼け止めを買うのを忘れなかった？」とたずねると，Ａは「あら，そのことすっかり忘れていたわ。でもまあいいわ。…時間もあるはずだし」と答えていることから，Ａは日焼け止めを買い忘れたけれど，手に入れる時間があると思っていることがわかる。さらに，続くＢの発言で「私たち 2 時まで飛行機は飛ばないから，そ

れは楽々ね」と言っている。したがって，イ．「日焼け止めはたぶん空港で買えると私は思う」が正解。他の選択肢は，ア．「日焼け止めが必要になると私は思わなかった」，ウ．「ハワイで私たちはいつでも日焼け止めが買えるでしょう」，エ．「とにかく私たちは前に一度も日焼け止めを使ったことがない」である。

3．直後のAの発言「それなら機内で食事が出た時に食べられないほどお腹がいっぱいにならないしね」から考えると，ア．「空港のカフェで軽食とコーヒーだけにしましょう」が正解。他の選択肢は，イ．「機内では何も食べるものがなさそう」，ウ．「私たちは航空会社に電話して前もって食事を注文したほうがいい」，エ．「たぶん私たちはチェックインする前にたっぷりランチを食べておいたほうがいい」である。

〔B〕4．直後のAの発言「コンペは，町内の新しいコンサートホールに移ったと先生が言ってたよ」は，コンペが行われる場所に関する情報である。したがって，エ．「それはどこでやる予定？」が正解。他の選択肢は，ア．「あなたはコンテストで演奏するのは緊張する？」，イ．「学校を通して私は何枚かチケットを買えるかしら？」，ウ．「あなたの練習は何時に終わるの？」である。

5．直後のAの発言 That's true, but … the main hall.「確かにそうだね，でも今年はすごいと思う。コンサートは大ホールでやる予定だから」から考えると，That が指すものが空所の内容であり，その内容は「よい話」ではなく「悪い話」であること，さらにコンサートの会場に関することであることがわかる。したがって，ウ．「学校の講堂の音は，いちばんいいというわけではなかったわ」が正解。他の選択肢は，ア．「あなたたちは全員長い間一生懸命にやってきたと私は思う」，イ．「たくさん人が行くとき，コンサートでは座席数が問題になる」，エ．「以前あなたはそこで何回も演奏したのだから，緊張しないで」である。また，空所直後の this year will sound great の sound は主語が this year「今年」なので，seem などと同様「～のような印象を与える，～のように思われる」という意味である。

6．直後のBの発言で「それでもしあなたたちがそれ（＝that）に勝ったら，東京の全国大会に進むことになるのね！」から，空所は that の指すものが含まれており，that の内容はコンテストやコンペであることが推

測できる。したがって，ウ．「上位 2 校が来月の地域決勝戦に進む」が正解。他の選択肢は，ア．「卒業した後，自分は東京で音楽の勉強を続けたい」，イ．「そのコンサートホールに空調があるかどうか，自分は知らない」，エ．「そのコンサートホールが閉鎖になる前に彼らがそこを使う最終回になるだろう」である。

Ⅱ　解答　7 ―カ　8 ―ク　9 ―オ　10 ―ウ　11 ―ア　12 ―エ

━━━━━━━━◆全　訳◆━━━━━━━━

≪アースシップでの暮らし≫

　現在の世界で，多くの人たちが地球について心配している。現代の家が非効率的であることを彼らは好まない。今の私たちの生き方は，自分たちでは変えられないという考えを，彼らは受け入れない。この人たちにとって，理想の家は地球に害を与えない家である。マイケル=レイノルズはニューメキシコ州で暮らしている。彼はアースシップの中で暮らしている。あなたが信じるか信じないかはともかく，アースシップは土をいっぱいにつめ込んだ古タイヤで作られている。壁は空き缶，ペットボトル，またその他の材料で作られることが多い。アースシップが必要とするすべての電力は太陽または風からのものである。アースシップが使うすべての水は雨からのものだ。これはとても自立した環境を汚さない暮らし方である。

　このような暮らしは不便だと人々が思うのは残念だ。そんなことはないとマイケルは断言する。そしてこのことを他の人たちに理解してもらうために教えようとしている。彼は講演を行い，本を書き，CD を作り，そしてメディアにしばしば登場する。「私は自分が生きているうちに町や市がこんな風に作られるのを見たいと思っています」とマイケルは言う。彼の数々の努力のおかげで，世界中でアースシップの数が増えてきている。ひょっとするといつの日か，アースシップで暮らすのが珍しくなくなるだろう――私たちは全員こんな暮らし方をするようになるかもしれない！

━━━━━━■◀解　説▶■━━━━━━

7．空所を含む文の They は，第 1 段第 1 文（In today's world, …）の「地球について心配している多くの人たち」である。また，第 1 段第 4 文（For these people, …）に「この人たちにとって，理想の家は地球に害

を与えない家」とある。第 1 段第 6 文（He lives in …）以降に，アースシップと呼ばれる自立した，環境を汚さない家の様子が詳しく述べられており，空所には名詞が入ることから，カ．inefficiency「非効率的であること」が正解。

8．空所直後の comes from the sun or wind の主語は，All the power で「すべての電力は太陽または風からのもの」という意味。All the power の後に関係代名詞節の（which〔that〕）the Earthship needs「アースシップが必要とする」が続けば，全体は「アースシップが必要とするすべての電力は太陽または風からのもの」となり，文意も通る。したがって，ク．needs が正解。

9．空所を含む文の It は，第 1 段第 9・10 文（All the power … comes from rain.）の内容を指す。（　9　）and clean は a way of living を修飾する形容詞なので，オ．independent「自立した，他者に依存しない」を選べば文意が通る。

10．空所を含む文の this kind of living は，第 1 段で述べられているアースシップにおける暮らしである。It's unfortunate …「…は残念だ」というのだから，空所は，アースシップにおける暮らしに対する人々のマイナス評価を表す言葉が入る。したがって，ウ．inconvenient「不便な」が正解。

11．空所を含む文の it は，第 2 段第 1 文（It's unfortunate that …）の this kind of living を指す代名詞で，isn't の後に空所 10 の inconvenient が省略されている。以上から「このような暮らしは不便ではない」という意味になり，ア．claims「～を断言する，主張する」を入れれば Michael claims it isn't「そんなことはないとマイケルは断言する」となり意味が通る。

12．空所直後の文に「ひょっとするといつの日か，アースシップで暮らすのが珍しくなくなるだろう——私たちは全員こんな暮らし方をするようになるかもしれない」とあることから，アースシップの数は増えていることがわかる。the number of ～ は「～の数」という意味。したがって，エ．increasing が正解。

Ⅲ 　解答

13ーア　14ーイ　15ーイ　16ーア　17ーア　18ーア
19ーイ　20ーウ

◀解　説▶

13.「昨夜泥棒が入ったのに，金庫は触れられた形跡がまったくない」

The safe shows no sign of … は「金庫は…の形跡がまったくない」という意味。空所は前置詞 of につながるから，動名詞のア. having been touched，イ. having touched，エ. touching のどれかになる。The safe「金庫」が意味上の主語だから，その後にくるのは「触れられる」という受け身を表すアが正解。

14.「あなたが無人島に一人きりでいる状況を想像してみなさい」

空所に a situation を先行詞とする関係詞があれば文がつながる。空所の直後は you are alone in a desert island と完全文が続いているため，ここでは関係副詞のイ. where がふさわしい。

15.「チケットが発売されるよりずっと前から私たちは列に並んで立ち始めましたが，もしそうしなかったら私たちはチケットを手に入れ損なったでしょう」

前後の意味から，空所には「もしそうでなかったら，さもなければ」という意味を表すものが入る。したがって，イ. otherwise が正解。空所の後の we would have missed getting them は仮定法で述べられている。ウ. unless は接続詞で「もし〜でなければ，〜でないかぎり」という意味だが，仮定法で用いることはない。ア. nevertheless は副詞で「それにもかかわらず」，エ. whereas は接続詞で「〜だが，その一方で〜」という意味。

16.「彼らがいない間に家の中の貴重品が盗まれるかもしれないと，彼らはほとんど予想もしなかった」

Never「一度も〜ない」，Seldom「めったに〜ない」，Hardly「ほとんど〜ない」，Nowhere「どこにも〜ない」，Only when 〜「〜の時に初めて」などの副詞が強調のため文頭に置かれると，その後はV（助動詞）S（主語）のように倒置される。空所の後の did they suspect の語順は，文頭に強調される副詞を置いたためである。Little did they suspect で「彼らはほとんど予想もしなかった」という意味。したがって，ア. Little が正解。他の選択肢，イ. Not a little「少なからず，大いに」，ウ.

Not least「特に，とりわけ」，エ．The least「最小」に，上に述べたような用法はない。

17.「この錠剤の1つには大人を数時間覚醒させておく効果がある」

　keep O C は「OをCの状態に保つ」という意味。この文では an adult「成人，大人」がOである。Cは形容詞相当語句が用いられる。選択肢のア．awake は「覚醒している，目覚めている」という意味の形容詞。イ．awaken とウ．wake は「目を覚ます，目を覚まさせる」という動詞。エ．woken は動詞 wake の過去分詞で「（人や目覚まし時計によって）起こされる，目覚めさせられる」という意味。文法上，awake または woken のいずれかになるが，主語は One of these pills「この錠剤の1つ」だから，錠剤が大人を awake「目覚めている」状態に保つという意味がふさわしい。したがって，ア．awake が正解である。

18.「リズは明日彼女が帰宅するまで，彼らに家に居るよう提案した」

　suggest には suggest that S (should) *do*「Sは～したらどうかと提案する」という用法がある。したがって，ア．that they が正解。また，suggest は，イ．them that やウ．them to のように，直後に them（人）を目的語として取ることはなく，to *do* を伴うこともない。

19.「この絵が彼女の部屋に展示したいと思っていた絵であったのかどうか，スタッフはこの老婦人にたずねた」

　the one（which〔that〕）she wanted（　　　）in her room は「彼女が自分の部屋に（　　　）したいと思っていた絵」という意味。want *A* to *do*〔*doing* / *done*〕は「*A* が～するのを欲する〔～しているのを欲する／～されるのを欲する〕」という意味。ここでは *A* は the one ＝ the painting だから，その後ろはイ．displayed「展示される」がふさわしい。

20.「あなたは，ここの洋服ダンスにあるどの服を着てもかまいません」

　are allowed と find が動詞だから節が2つある。そこで空所は節をつなぐ接続詞が入る。ア．every は接続詞ではない。イ．however，ウ．whatever，エ．whoever はすべて接続詞だが，この中で直後の名詞 clothes につながるのは，ウ．whatever だけである。whatever＋名詞＋SV で「SがVするどんな～でも」という意味。

Ⅳ

解答　21—イ　22—ウ　23—ア　24—イ

◀解　説▶

21.「ミシェルは彼女の将来に関する決断に直面していた」

be faced with ～ は「～に直面している」という意味。was faced with a decision「決断に直面していた」とは「すぐにでも決断しなければならなかった」ということ。したがって，この意味に最も近いのは，イ.「ミシェルには彼女の将来に関してしなければならない重大な決断があった」である。他の選択肢は，ア.「ミシェルは彼女の将来に関してすでに明確に決断していた」，ウ.「ミシェルは彼女の将来に関してしなければならない決断についてアドバイスを求めていた」，エ.「ミシェルは彼女の将来に関してしなければならない決断についてアドバイスをもらった」である。

22.「デビッドは彼の監督者との会議はどうでもよいと思って出なかった」

blow off ～ は「～をどうでもよいものとして扱う，～に知らんふりをする」という意味。したがって，この意味に最も近いのは，ウ.「デビッドは彼の監督者との会議を無視した」である。他の選択肢は，ア.「デビッドは彼の監督者との会議で腹を立てた」，イ.「デビッドは彼の監督者との会議のことを忘れていた」，エ.「デビッドは彼の監督者との会議に遅刻した」である。

23.「我々が続けてやる前に，この問題を分析しよう」

break *A* down は「*A* を分解する，分析する」だから，break the problem down は「この問題を分析する」という意味になる。したがって，この意味に最も近いのは，ア.「我々が続けてやる前に，この問題の各部分を注意深く見てみよう」である。他の選択肢は，イ.「我々が続けてやる前に，この問題を考えるのはやめて休憩しよう」，ウ.「我々は何が問題かを決定し，その後で続けたらどうですか？」，エ.「我々が続けてやる前に，この問題を解決しませんか？」である。

24.「パートタイム労働者の多くが新しいスケジュール変更のことを知らずにいる」

be in the dark about ～ は「～について暗闇の中にいる」という直訳からも推測できるが「～について知らずにいる，～が秘密にされている」という意味。したがって，この意味に最も近いのは，イ.「パートタイム

労働者の多くが新しいスケジュール変更のことをまったく知らない」である。他の選択肢は，ア.「パートタイム労働者の多くが，新しいスケジュール変更に不満を抱いている」，ウ.「新しいスケジュール変更で多くのパートタイム労働者の間に混乱が生じた」，エ.「新しいスケジュール変更でパートタイム労働者の多くが夜間シフトに移った」である。

Ⅴ　解答　25―ウ　26―イ　27―ア　28―ア　29―ウ

◀解　説▶

25.　(a)「あなたが権力や権利を持って罰を与える人物に対する親切で寛容な態度」

(b)「彼らに軽い判決を下すことにより，その経験豊富な裁判官は慈悲を示した」

　ア.「義務」　イ.「神の恩寵，恵み」　エ.「安堵」

26.　(a)「ある人々の集団がある事柄について同意したこと」

(b)「最終的に合意に達するまで，その委員会はその問題について4時間も議論した」

　ア.「(規則・法律の) 順守」　ウ.「目的地」　エ.「(取引における) 交渉」

27.　(a)「人に滞在あるいは暮らす場所を与えること」

(b)「このホテルは4人以下のグループしか泊めることができません」

　イ.「～を含む」　ウ.「～を管理する」　エ.「～を養う，支える」

28.　(a)「繰り返しあるいは常に起きている」

(b)「トモコとハルカは生涯を通してずっと続く友人どうしであり続けた」

　イ.「同一の」　ウ.「お互いの」　エ.「一時的な」

29.　(a)「ときどき疑われることもあるが，正しいと考えられている」

(b)「この製品はたぶん環境によりやさしいのでしょうが，実は私はそのことについてはっきりわかりません」

　ア.「明確に，確かに」　イ.「根本的に，本質的に」　エ.「とりあえず，仮に」

VI 解答

30—イ　31—ア　32—ウ　33—ア　34—オ　35—イ
36—ウ　37—ア

◀解　説▶

30・31. (Mary found) it surprising that many people were amazed (at the news.)

　find it surprising that 〜 で「〜に驚きを感じる」, be amazed at 〜 で「〜にびっくりする」という意味。

32・33. Not until everything was over did (I know the truth.)

　強調するために文頭に Not until 〜「〜して初めて」を置くと, その後は V（助動詞）S（主語）の語順になる。

34・35. (Sofie asked her colleague's advice) as to what measures she should take (against the complaint from a customer.)

　ask one's advice で「〜の助言を求める」, as to 〜 で「〜について」, what measures で「どのような措置」, she should take で「彼女が取るべき」という意味。as to は前置詞句で, その後には名詞だけでなく what S V などの疑問詞で始まる節を用いることもできる。

36・37. What had been spilt required thorough cleaning (to prevent staining.)

　他動詞としての spill「〜をこぼす」は, She spilled〔spilt〕coffee on her shirt.「彼女は自分のシャツにコーヒーをこぼした」のように用いる。目的語の coffee を主語にすると Coffee was spilled〔spilt〕on her shirt. のように受動態が作られる。したがって, what had been spilt で「こぼれたもの」という意味になる。require で「〜が必要だ」, thorough cleaning で「徹底的な掃除」という意味。

VII 解答

問1. エ　問2. イ　問3. ウ　問4. エ　問5. エ
問6. ウ　問7. イ・エ（順不同）

◆全　訳◆

≪都市農業について≫

　農業について私たちが考えるとき, 食物を提供するために農夫が農産物を育て動物を飼育する草地のある田舎が私たちの頭に浮かぶ。近年, 都市における農業が増えていて,「都市農業」という表現が広く使われている。

食物を育てるのに都市の貴重な空間が使われているのはなぜか，見てみよう。

　伝統的農業の問題の一つは，食物を農場から都市のスーパーマーケットまで長距離輸送しなければならないことだ。人々のお皿に届くまでに，食物は平均 2,000 キロメートルの距離を移動していることが最近の調査でわかった。このような輸送は，地球温暖化を促す二酸化炭素排出量の増加という結果を招く。もう一つの問題は，食物がスーパーマーケットに届いたとき，食物はもはや鮮度が落ちていることだ。

　都市で暮らす人々が都市で農業を利用する新しいやり方を試み始め，そして農業を都市の暮らしに不可欠な一要素としたのである。目標の一つは，色々なものを育てるために都市の中で未使用の空間を利用することだった。これはつまり，建物の屋上，建物の壁，また小さな空き地などを利用する方法を見つけるということであった。科学技術の進歩で，有機物，ミネラル，そして細菌を加えた少量の水による，土を用いない方法を栽培者は開発した。水は再利用され殺虫剤はまったく使用されない。持続可能性が都市農業の重点目標だ。

　上記のさまざまなやり方に基づいて，新鮮な食物がより少ない資源を用いて生産できることに人々は気づいた。これはつまり，都市農業は二酸化炭素の排出量が少ないということだ。今日では内陸の都市農業は，世界中で上海，東京，バンコク，パリ，そしてロンドンのような都市に勢いよく広がっている。そのような都市における都市農業のいくつかの例を見てみよう。

　パリでは，2020 年に屋上農園が開園した。この屋上農園は世界で最大である。そこは面積が 14,000 平方メートルで，20 人の園芸担当者がおり，夏場には 1,000 キロの果物と野菜の生産ができる。生産は完全に有機栽培で持続可能性を有する。食物を生産することに加えて，この農園には，教育プログラムや地元の人たちが自分の野菜を育てるために小さく区切った場所を賃借できる仕組みがある。

　東京の某社本部では会議室でトマトとハーブを育てている。ロビーには本物の田んぼがあって，稲が順調に育てられている。社内に植物や野菜があることで，社員の緊張がほぐれ，社員の間に共同体意識が生まれるのに役立っている。社内で育てられる食物は，社員が収穫をして社内食堂で使

われる。

━━━━━◀解　説▶━━━━━

問 1．エ．「『農業』という言葉でふつう私たちが思い起こすのは，食物を供給するために田舎で畑を耕し動物を飼育することである」が第 1 段第 1 文（When we think …）の内容に一致する。

ア．「長い間，私たちは誰もが農業というと都市の郊外における活動というイメージを抱いてきた」の suburban areas は，都市に隣接する，特に住宅地としての「郊外」だから，第 1 段第 1 文（When we think …）の rural areas と内容が不一致。イ．「年々都市における農作が減退してきているので，今では『都市農業』という言葉はめったに使われない」は第 1 段第 2 文（In recent years, …）と不一致。ウ．「都市地域の空間はとても貴重なので，人々はその空間を農業に利用することはない」は第 1 段第 3 文（Let's look at …）と不一致。

問 2．イ．「田舎の農夫によって生産された食材は，都市部の人々に届くために少なくとも 2,000 キロメートル移動する」の at least 2,000 kilometers「少なくとも 2,000 キロメートル」は，第 2 段第 2 文（A recent study …）の on average … 2,000 kilometers「平均…2,000 キロメートル」に合わない。よって，これが正解。

ア．「田舎の農場から都市の消費者まで，食物を遠くから輸送しなければならないなら食物は品質が低下する」は第 2 段第 4 文（Another issue is …）の内容に一致する。ウ．「食物が都市のスーパーマーケットまで長距離移動しなければならないので，伝統的農業は二酸化炭素排出量増加の原因になっている」は第 2 段第 1 ～ 3 文（One issue with … to global warming.）の内容に一致する。エ．「収穫した産物を輸送することには問題がある。なぜならばそれは最終的に地球温暖化の原因になるからだ」は第 2 段第 3 文（Such transportation results …）の内容に一致する。

問 3．ウ．「いくつかの都市農業のやり方では，土も殺虫剤も使用していない」が第 3 段第 4・5 文（With advances in … pesticides are used.）の内容に一致する。

ア．「都市部の農業は建物の中で農作をすることにのみ集中している」は第 3 段第 2・3 文（One aim was … of vacant land.）と不一致。イ．「都市部の住民は，農作を生活の中に組み入れるために田舎で農作に取りかか

るようになった」は第3段第1文（People living in …）と不一致。エ.「都市農業は少量の水しか使用しない。またその水には有機物，ミネラル，そして細菌などは入っていない」は第3段第4文（With advances in …）と不一致。

問4．エ.「都市農業に比べて伝統的農業には必要とされる資源がより少ない」は，第4段第1文（Based on the …）の内容に合わない。よって，これが正解。

ア.「日本の外にある複数の首都圏地域でも農産物が栽培されている」は第4段第3文（Today inner city …）の内容に一致する。イ.「世界のいくつかの首都に暮らす人たちに農作は人気を博している」は第4段第3文（Today inner city …）の内容に一致する。ウ.「より少ない資源しか必要としない農作は，最終的に二酸化炭素排出量の減少に結びつく」は第4段第1・2文（Based on the … low carbon footprint.）の内容に一致する。

問5．エ.「パリの屋上農園の面積は世界で最大であり，20人の園芸担当者がこの農園に通っている」が第5段第1〜3文（In Paris, … in the summer.）の内容に一致する。

ア.「パリの屋上農園で使われている農作技術に，有機栽培と持続可能性を有する農業展開は含まれていない」は第5段第4文（Production is completely …）と不一致。イ.「パリの屋上農園には地元の住民が食物を育てるのに無料で参加できる小さく区切った場所が複数ある」の for free「無料で」は，第5段第5文（In addition to …）の can rent「〜を賃借できる」と不一致。ウ.「パリの屋上農園は幅が14,000メートルで，世界で最大の農地だ」の 14,000 meters wide「幅が14,000メートル」は，第5段第3文（It is 14,000 …）の 14,000 square meters「面積が14,000平方メートル」と不一致。

問6．ウ.「その会社は稲作のための室内空間を作った。そしてそこでは籾が収穫される」が第6段第2文（In the lobby, …）の内容に一致する。ア.「社内で育てられる食物はこの会社で働いていない人たちによって収穫される」は第6段第4文（Food that is …）と不一致。イ.「東京の某社支社では，トマトとハーブは会議室で育てることができる」の a company branch office「某社支社」は，第6段第1文（The headquarters of …）の The headquarters of a company「某社本部」と不一致。エ.「社内に緑の環境があることは，働く人たちの緊張感をほぐすのに役立っているが，孤独だと感じさせるのにも一役かっている」の isolated「孤独な」は，第 6 段第 3 文（The presence of …）と不一致。

問 7．イ.「田舎で収穫された農産物は都市部で生産されたものより長く鮮度を保つことができる」は第 2 段第 4 文（Another issue is …）の内容に合わない。エ.「都市農業における科学技術の進歩の中には，有機物の入った水と土の再利用が含まれる」は第 3 段第 4 文（With advances in …）の内容に合わない。よって，イとエが正解。

ア.「農業について考えるとき，人々はふつう農業を田舎の草地と結びつける」は第 1 段第 1 文（When we think …）と一致。ウ.「試行錯誤によって，農業の新しいやり方は都市の暮らしに不可欠なものになってきている」は第 3 段第 1 文（People living in …）に一致。オ.「都市農業においては，家の一部であれ屋外の小さな区域であれ，人々は空間を最もうまく利用する」は第 3 段第 2・3 文（One aim was … of vacant land.）と一致。カ.「パリの屋上農園で栽培される農産物の一部はパリ市民自身によって育てられる」は第 5 段第 5 文（In addition to …）と一致。キ.「東京の会社の中で育てられる稲や野菜は，スタッフ間の共同体意識を形成するのに役立っている」は第 6 段第 3 文（The presence of …）と一致。

1 月 30 日実施分　　問　題

（60 分）

Ⅰ　次の対話文の空所に入れるのに最も適当なものを，それぞれア〜エから一つ選べ。

〔A〕

A：Hey, Kate, I'm surprised to see you here at the hospital. Aren't you supposed to be at track and field practice?

B：I injured my knee pretty badly in my last 200-meter hurdle race. I can still walk, but it hurts when I run.

A：＿＿＿＿1＿＿＿＿

B：I thought so, too. But that remedy won't work unfortunately. The doctor said I'll definitely need surgery.

A：Oh, no. It hurts me just to hear you say that. It's that serious, huh?

B：It is. I love sports and want to continue doing something competitive in the future. I need to find a new sport that'll be a little easier on my knees.

A：＿＿＿＿2＿＿＿＿ I really love it.

B：Isn't it boring hitting a little ball outside in a wide-open space only to have to chase after it?

A：A lot of people think that. But once you make solid contact with the ball, it's a feeling you'll want to repeat over and over.

B：Is that so? Well, ＿＿＿＿3＿＿＿＿.

A：OK. If that's the case, let me know if you change your mind. I'll be happy to lend you my old gear and give you some tips.

B：Thanks for the offer and all your support. I really appreciate it.

1．ア．I think you'll be running again sooner than you think.

　　イ．I'm sure a little rest and ice should make you as good as new.

　　ウ．You should immediately let your coach know about this.

　　エ．You should see a medical professional as soon as possible about this.

2．ア．I think trying soccer would be a good idea.

　　イ．I totally recommend table tennis.

　　ウ．What do you think about learning how to bowl?

　　エ．Why don't you try playing golf?

3．ア．I believe you have found the perfect new sport for me

　　イ．I think I'm going to explore other options at the moment

　　ウ．it's probably a little too expensive for me, but I'm willing to try it

　　エ．please let me know where I can get some inexpensive used equipment

〔B〕

A：I can't believe I'm actually in the national high school speech contest! Do you have any last-minute advice?

B：Well, first of all, remember to _____4_____ . You're incredibly talented!

A：You're right when you say I struggle with confidence. I know I can do this!

B：Also, being nervous is completely normal. Everyone will be! I certainly was when I participated, and I'll be nervous as your teacher.

A：I still haven't heard much about your experience other than the fact that you _____5_____ .

B：That's right. I was in the contest twice, in my second and third year, and I won the second time.

A : What was that speech about?

B : I talked about how doing one kind thing for someone else can powerfully affect the lives of others.

A : Where did you get the idea from?

B : A local cafe owner always gave my dad free pastries on his way to school because she knew he didn't have much money. Years later, he _____6_____ .

A : Amazing! That was really nice of him to do that to help her business.

B : Yeah, she really appreciated it, and they're still really close friends.

4 . ア．allow your humor to show

　　イ．believe in yourself

　　ウ．enjoy every single moment

　　エ．stand away from the microphone

5 . ア．participated in the contest in your first year

　　イ．participated in the contest three years in a row

　　ウ．won the contest in your third year

　　エ．won the contest twice in a row

6 . ア．bought her a new bread oven to replace her old one

　　イ．gave her an all-expenses-paid trip to London

　　ウ．gifted her tickets to see her favorite TV show

　　エ．took her to a five-star restaurant for an amazing meal

Ⅱ　次の英文の空所に入れるのに最も適当な語を，ア～クから選べ。ただし，同じものを繰り返し用いてはならない。

In the high Andes of South America lies one of the most incredible landscapes in the world. The Altiplano, or "high plain," is a place of (7). It is the second largest mountain plateau in the world. It holds the world's largest high-altitude lake, Lake Titicaca, and the largest salt flat, Salar de Uyuni. At 4,500 meters, it is also higher than many of the world's mountains.

Most of the Altiplano lies within Bolivia and Peru, (8) its southern parts lie in Chile and Argentina. The Atacama Desert — one of the driest areas on the (9) — lies to the southwest. The Amazon rain forest lies to the west.

It is an otherworldly place that looks more like Mars than Earth. High volcanoes contrast with (10) valleys. Temperatures can change from boiling hot to freezing cold in a single day. Few trees can (11) the dry conditions.

But animal life surprisingly (12) here. There are mammals, such as llamas, foxes, and alpacas. There are also birds like the high-flying condors and three species of South American flamingos.

ア．deep　　イ．extremes　　ウ．planet　　エ．survive
オ．thorough　　カ．thrives　　キ．whether　　ク．while

出典追記：Keynote 1 by David Bohlke, Cengage Learning

Ⅲ　次の各英文の空所に入れるのに最も適当な語句を，ア～エから一つ選べ。

13. Many of Jessica's friends wonder （　　　） quit such a high-paying job.

　　ア. the reason she was　　　　　イ. the way she has

　　ウ. what made her　　　　　　　エ. why she made

14. （　　　） comments and suggestions from the audience would be highly appreciated.

　　ア. Almost　　　イ. Any　　　ウ. Every　　　エ. Fairly

15. At （　　　） time in history have humans been more conscious of environmental issues than today.

　　ア. no　　　イ. one　　　ウ. other　　　エ. this

16. If （　　　） below room temperature, the food will last for about a week.

　　ア. been keeping　　　　　　　イ. been kept

　　ウ. keep　　　　　　　　　　　エ. kept

17. Mr. Baker always has his employees （　　　） any decisions made by the management.

　　ア. inform　　　イ. informed of　　　ウ. informing　　　エ. informing of

18. Global warming has long been an international concern, and it still remains as a serious problem （　　　）.

　　ア. solved　　　　　　　　　　イ. solving

　　ウ. to be solved　　　　　　　エ. to be solving

19. Ken and Mary looked at two possible homes to start their life together, but （　　　） were within their budget.

　　ア. either　　　イ. it　　　ウ. neither　　　エ. such

20. Despite the serious economic problems, the government ordered that the consumption tax (   ).

　ア. be raised　　イ. raising　　　ウ. to raise　　　エ. was raising

Ⅳ　次の各英文の意味に最も近いものを，ア〜エから一つ選べ。

21. The band's new album lived up to Fred's expectations.

　ア. The band's new album influenced Fred's expectations.

　イ. The band's new record differed from Fred's expectations.

　ウ. The group's recent collection of songs met Fred's expectations.

　エ. The group's recent musical release exceeded Fred's expectations.

22. Ray's supervisors passed him over for promotion last spring.

　ア. Last spring, Ray's supervisors denied giving him a promotion.

　イ. Last spring, Ray's supervisors promised to give him a promotion.

　ウ. Ray's supervisors advocated to give him a promotion last spring.

　エ. Ray's supervisors considered giving him a promotion last spring.

23. At certain times in the year, the apple farm takes on workers.

　ア. At certain times in the year, the apple farm asks more from the employees.

　イ. At certain times in the year, the apple farm provides housing for the employees.

　ウ. The farm that grows apples encourages workers at certain times in the year.

　エ. The farm that grows apples hires workers at certain times in the year.

24. Students take her class by virtue of her reputation.

　ア. Her reputation is not what discourages students from taking her class.

　　イ. Her reputation is not what excites students about enrolling in her class.

　　ウ. Students enroll in her class because they have heard good things about her.

　　エ. Students take her class despite knowing the type of teacher she is.

Ⅴ　次の (a) に示される意味を持ち, かつ (b) の英文の空所に入れるのに最も適した語を, それぞれア〜エから一つ選べ。

25. (a) the mood of a particular place or situation

　　(b) They used classical music to create a relaxed (　　　) in the event.

　　　　ア. atmosphere　　　　　　イ. background

　　　　ウ. circumstance　　　　　　エ. condition

26. (a) opposed to great or sudden social changes

　　(b) The politician has a (　　　) attitude toward any revision to existing laws.

　　　　ア. conservative　　　　　　イ. definite

　　　　ウ. radical　　　　　　　　　エ. reasonable

27. (a) a possibility of what might or will happen in the future

　　(b) I am very excited at the (　　　) of joining such a great team soon.

　　　　ア. calculation　イ. insurance　ウ. prospect　　エ. reflection

28. (a) to examine something carefully in order to find out more about it

　　(b) Public health officials have to (　　　) restaurants to ensure they follow specific guidelines and regulations.

　　　　ア．disrupt　　　イ．inspect　　　ウ．overlook　　　エ．reply

29. （a）to completely remove something that is unnecessary or unwanted
　　（b）Credit cards（　　　　）the need to carry a lot of cash.
　　　　ア．betray　　　イ．eliminate　　　ウ．subsidize　　　エ．withstand

VI　次の［A］～［D］の日本文に合うように，空所にそれぞれア～カの適当な語句を
　　　入れ，英文を完成させよ。解答は番号で指定された空所に入れるもののみをマーク
　　　せよ。

［A］　こちらが，その製品を送っていただきたい宛て先が書いてある私の名刺です。
　　　Here is my business card with（ 30 ）（　　　）（　　　）（　　　）
　　　（　　　）（ 31 ）.
　　　　ア．I　　　　　　　　　イ．shipped　　　　　　ウ．the address
　　　　エ．the product　　　　オ．to　　　　　　　　カ．want

［B］　妹は家に帰ってきて初めて，スマートフォンを電車に忘れたことに気づいた。
　　　It was（　　　）（ 32 ）（　　　）（　　　）（ 33 ）（　　　）she realized
　　　she had left her smartphone on the train.
　　　　ア．came　　　　　　　イ．home　　　　　　　ウ．my sister
　　　　エ．not　　　　　　　　オ．that　　　　　　　カ．until

［C］　そんなに簡単なことがそれほど難しく見せられるとは驚きです。
　　　It is amazing（　　　）（ 34 ）（　　　）（ 35 ）（　　　）（　　　）to
　　　appear so difficult.
　　　　ア．be　　　　　　　　イ．can　　　　　　　　ウ．how
　　　　エ．made　　　　　　　オ．simple a task　　　カ．so

［D］　その銀行がその情報を必要とする理由が私にはわかりません。
　　　I do not see（　　　）（ 36 ）（　　　）（ 37 ）（　　　）（　　　）want

that information.

　　ア．any reason　　　　イ．as　　　　　　　ウ．the bank

　　エ．to　　　　　　　　オ．why　　　　　　　カ．would

Ⅶ　次の英文を読み，あとの問いに答えよ。

　　Even though Earth is sometimes called "the water planet," only around 0.01 percent of the Earth's water can be accessed and used by humans. In other words, if all of the water on Earth were in a five hundred milliliter bottle, the amount that humans would actually be able to use for drinking and agriculture would be less than a single drop. Fresh water is necessary for human life, but, currently, there is not enough for everyone. Water is, therefore, one of the most important natural resources of our time.

　　Humans everywhere depend on water and, as the world's population grows, so does its impact on the environment. Pumping too much water from the ground, for example, can cause wells and rivers to run dry. The Aral Sea, which was once the fourth largest lake in the world, has almost disappeared as a result of water from the rivers that feed it being taken for irrigation. Furthermore, even some of the world's largest rivers, such as the Nile and the Indus, are in danger of drying up.

　　A lack of water — called water scarcity — affects people all over the world. Many developing countries do not have effective systems for accessing and cleaning water. People without ready access to water often have to travel very far from their homes every day just to collect it. It is estimated that about one-third of the population in sub-Saharan Africa must travel at least thirty minutes to the closest water source, often several times a day. This burden falls mainly on women and girls. As a result, many women cannot do any other work, and many young girls cannot attend school. Children are also often the first to get sick or die from drinking dirty water.

People in developed countries like Japan may feel that this problem does not relate to them, but this is not the case. Developed countries contribute to this problem in a major way through their use of virtual water. Virtual water refers to the total amount of water used to make and transport food and products like clothing and electronics. For example, when considering the amount of water it takes to raise, prepare, and transport beef, a single hamburger uses about 2,400 liters! Japan is the second largest virtual water importer in the world and, as such, shares responsibility for the Earth's water crisis.

Despite the development of new technologies enabling us to extract more water from the environment (such as desalination, which enables us to remove salt from seawater), there is still no simple solution to the water scarcity problem.

問1　本文の第 1 段落の内容に合うものとして最も適当なものを，ア～エから一つ選べ。(38)

　　ア．At present, the amount of fresh water is hardly inadequate for the entire human population.

　　イ．Despite its abundance, water is an insufficient yet vital natural resource for people living on this planet.

　　ウ．Earth is commonly known as "the water planet" because a large portion of the Earth's water is readily available for human use.

　　エ．Just over a single drop from a five hundred milliliter bottle of water is proportional to the amount of usable water and the total amount on Earth.

問2　本文の第 2 段落の内容に<u>合わないもの</u>を，ア～エから一つ選べ。(39)

　　ア．One of the effects of over-pumping water from the ground is the reduction and potential elimination of water from wells.

　　イ．River water that once helped refill the water in the Aral Sea

出典追記：小関一也，Kevin M. McManus『Living as Global Citizens』南雲堂

has been diverted to help grow crops, causing the Aral Sea to vanish in its entirety.

ウ．The continuous rise in population around the world results in greater consequences to the environment.

エ．There is a risk that the Indus, despite being one of the largest rivers in the world, will not have enough water and perhaps disappear in the future.

問 3　本文の第 3 段落の内容に合うものとして最も適当なものを，ア～エから一つ選べ。(40)

ア．Around 33 percent of the people living in sub-Saharan Africa have to travel at a minimum of a half an hour to get water on a weekly basis.

イ．Because many females living in sub-Saharan Africa must attend school, it is an extra burden for them to also have to fetch water from far away.

ウ．The initial victims of consuming unsanitary water are those in the latter years of a normal life.

エ．Water scarcity is an environmental issue that is not limited to people who live in developing countries in the sub-Saharan region of Africa.

問 4　本文の第 4 段落の内容に合うものとして最も適当なものを，ア～エから一つ選べ。(41)

ア．Because Japan's approach to imported goods is very economical, it bears virtually no responsibility for the Earth's water scarcity problem.

イ．Japan, as one of the advanced nations in the world, only contributes to the water crisis problem through its beef consumption.

ウ．Japan's economic activity related to food, transportation, fashion, and technology has little connection to water scarcity in the world.

エ．While not the largest importer in the world, Japan makes a substantial contribution to the water shortage problem via its intake of foreign commodities.

問5　本文の第4段落の内容に<u>合わないもの</u>を，ア～エから一つ選べ。(42)

ア．For just one hamburger, more than a couple thousand liters of water must be used throughout the entire production process.

イ．It is the case for people from more advanced countries that they might not see any relation between the world's water problem and themselves.

ウ．Japan can be held accountable for the Earth's water crisis as it ranks second globally in terms of the importation of virtual water.

エ．Virtual water signifies the largest portion of the total volume of water used to produce and transport foodstuffs and consumer goods.

問6　本文の第5段落の内容に<u>合わないもの</u>を，ア～エから一つ選べ。(43)

ア．Newly developed water extraction techniques are only part of the solution in overcoming the scarcity of water on this planet.

イ．The advancement of the latest technologies has extracted a sufficient amount of water from the environment, solving the global water crisis.

ウ．The answer to the Earth's lack of usable water has yet to be resolved and is in no way an uncomplicated problem with an easy solution.

エ．The solution comprised of salt and water, which fills the world's oceans, can be separated by a process known as desalination.

問7　本文の内容と合うものを，ア～キから<u>二つ</u>選び，(44)と(45)に一つずつマークせよ。ただし，マークする記号（ア，イ，ウ，...）の順序は問わない。

ア．Humans can only access and use approximately one tenth of the Earth's water.

イ．The author uses a single droplet in a container to represent the amount of available water in the world to be used for farming.

ウ．One cause for the disappearance of rivers is pumping too much water from beneath the earth.

エ．It is improbable that the Nile will ever become waterless because it is one of the world's longest rivers.

オ．The systems for acquiring and sanitizing water in developing countries are more than capable of meeting the demands for this valuable resource.

カ．For people living in sub-Saharan Africa, the hardship for ensuring a constant water supply is frequently placed on young males.

キ．In actuality, the responsibility for the world's water scarcity is connected to populations living in advanced countries.

1 月 30 日実施分　　　解　答

I

解答　〔A〕1 ―イ　2 ―エ　3 ―イ
　　　　　〔B〕4 ―イ　5 ―ウ　6 ―ア

◆全　訳◆

〔A〕≪病院で出会った友人間の会話≫

A：やあ，ケイト。病院で出会うなんて驚いたな。陸上部の練習のはずじゃなかったの？

B：この前の 200 メートルハードルのレースで膝にひどいケガをしたの。まだ歩けるけど，走ると痛むの。

A：少し休めて氷で冷やせば，きっとすっかりよくなるよ。

B：私もそう思ったわ。でも残念ながらその治療では効かなかったの。医者は，絶対に手術が必要だと言ってるの。

A：うわ〜。それを聞いただけで僕も痛くなるよ。そんなにひどいんだね。

B：そうなの。私はスポーツが大好きだし，これからも何か競技を続けたいと思ってる。もう少し膝に負担のかからないスポーツを見つけなくてはいけないわ。

A：ゴルフを試してみたらどう？　僕は大好きだよ。

B：戸外の広々とした空間で小さなボールを打って，それを追いかけるだけなんて退屈じゃない？

A：そう考える人も多いけど，一度ボールをしっかりと捉えたら，その感触は何度も繰り返したくなるよ。

B：そうなの？　でも，とりあえずは他の選択肢を探してみるわ。

A：わかったよ。それならさ，もし気が変わったら言ってね。僕の古いゴルフ用品を喜んで貸すし，色々アドバイスもできるからさ。

B：申し出とサポートをありがとう。本当に感謝するわ。

〔B〕≪スピーチコンテストに出場が決まった生徒と指導教官の会話≫

A：全国高校スピーチコンテストに，本当に出場できるなんて信じられません！　最後の最後のアドバイスをいただけませんか？

B：そうだね，何よりも自分を信じることを忘れないように。君は信じら

れないぐらい才能に恵まれている！

A：私が自信を持って戦っているとおっしゃるのはそのとおりです。そうです，私にはできます！

B：それと，緊張するのはまったく当たり前のことだ。だれでも緊張するよ！　私が出場したときももちろんそうだった。そして，君の教師として私も緊張するだろう。

A：先生の経験をまだあまりお聞きしていません。3 年生のときに優勝されたということだけです。

B：そうだね。私はコンテストに 2 回，2 年生と 3 年生のときに出場した。そして，2 回目のときに優勝した。

A：何についてスピーチされたんですか？

B：誰かに何か一つ親切をすることが他の人の人生に大きな影響を与える，ということについて話したんだ。

A：そのアイディアはどこから得られたんですか？

B：地元のカフェのオーナーが，いつも父に通学の途中にパンをただでくれていたんだ。彼女は父があまりお金を持っていないことを知っていたからね。何年も経ってから，父は彼女に新しいパン焼きのオーブンを買って，古いのと取り替えてあげたんだ。

A：すごい！　そんなことをして彼女の仕事を助けてあげたなんて，お父さんは本当にいい人だったんですね。

B：そうなんだ，彼女は本当に感謝していた。それで二人は今でも本当に親しい友人どうしなんだ。

━━━━━━━◀解　説▶━━━━━━━

〔A〕膝を負傷し，陸上競技を続けられないと思っている B（ケイト）とその友人 A が病院で出会った際の会話である。

1．イ．「少し休めて氷で冷やせば，きっとすっかりよくなるよ」が正解。空所 1 に対する B の応答にある But that remedy won't work unfortunately. に注目する。that remedy「その治療」とある that が指すものを探しながら，選択肢を探る。空所 1 の前の B の会話から，B は，200 メートルハードルで膝を負傷したことがわかっている。したがって，that remedy の内容としてふさわしいのは，イの I'm sure a little rest and ice should make you as good as new. にある「少しの休息と氷」で

ある。as good as new は，文字どおりは「新品同様に」の意味，ここで
は「すっかり元どおりに」の意味である。続く B の発言にある won't
work の work は「(薬や治療などが) 効果がある，効く」の意味。

2．エ．「ゴルフを試してみたらどう？」が正解。空所 2 は，その前の B
の会話の I need to find a new sport that'll be a little easier on my
knees. に対する A の応答である。空所 2 の後に続く I really love it. の it
に注目して，それが指すものを探しながら，選択肢を探る。4 つの選択肢
は，それぞれ B に対してあるスポーツを勧める内容となっており，そのス
ポーツを受けるのがこの it である。以上を念頭に置いて，この会話に対
する B の応答を読む。すると A の勧めるスポーツについて，hitting a
little ball outside in a wide-open space「外の広いスペースで小さなボー
ルを打つ」と have to chase after it (＝a little ball)「(小さなボールを)
追いかけなくてはならない」の記述がある。この記述に該当するスポーツ
は，選択肢の中ではエにある golf である。

3．イ．「とりあえずは他の選択肢を探してみる」が正解。空所 3 のある
B の発言は，その前の会話で A の勧めるスポーツ (ゴルフ) に対する賛辞
への応答である。この会話に対して A は let me know if you change
your mind「気が変わったら知らせてくれ」と応答している。ここから B
は，A の勧めには応じていないことがわかる。この文脈に合致する選択肢
は，イしかない。空所 3 に対する A の応答にある If that's the case の be
the case は「その通りである」の意味の慣用句である。

〔B〕A は全国高校スピーチコンテストに出場することになり興奮してい
る。その指導教官 B には同じ経験があり，しかも優勝している。

4．イ．「自分を信じる」が正解。空所 4 のある発言は，その前の A の
Do you have any last-minute advice? に対する B の応答である。last-
minute は「時間ぎりぎりの，土壇場の」の意味。空所 4 の後に続く
You're incredibly talented!「君は信じられないぐらい才能に恵まれてい
る！」ともっとも自然につながる選択肢を探ると，イの believe in
yourself が正解となる。ウ．enjoy every single moment「一瞬一瞬を楽
しむ」が紛らわしいが，より前後と合致しているのはイである。

5．ウ．「3 年生のときに優勝した」が正解。空所 5 のある発言で A は，
B に B 自身の経験を聞き出そうとしている。your experience other than

the fact that ～ とは「～（という事実）以外のあなたの経験」の意味である。空所 5 を受けた B の応答の That's right. の that は事実の内容を指している。続く部分で，さらに具体的な内容が語られている。すなわち，2 回，2 年生と 3 年生で出場していて，2 回目，つまり 3 年生のときに優勝している。したがって，この内容と合致するのはウである。エは「2 回続けて優勝している」という内容だが，優勝したのは 3 年生のときのみで 2 年生のときは優勝していないので不適切。

6．ア．「彼女に新しいパン焼きのオーブンを買って，古いのと取り替えてあげた」が正解。空所 5 に対する B の応答を受けての A の What was that speech about? から対話の最後までは，B がコンテストで優勝したときのスピーチの内容が話題となっている。そのテーマは前述の A の質問に対する B の応答にある how doing one kind thing for someone else can powerfully affect the lives of others である。空所 6 のある B の発言は，そのテーマの題材となる B の父親の体験を語っている。スピーチのテーマにあった doing one kind thing for someone else にあたるのは，A local cafe owner always gave my dad free pastries on his way to school であり，powerfully affect the lives of others の例となるのが，Years later, he の後に続く空所 6 であると考えられる。4 つの選択肢は，いずれも父親の a local cafe owner への感謝を表す行為と考えられる。したがって，正解を得るためには空所 6 に対する A の応答に注目する。するとそこに，to do that to help her business とある。ここにある that は，空所 6 に記述されている父親の行為であると考えられる。すると「her business（カフェの経営）を助ける」に該当するのは，アの bought her a new bread oven to replace her old one である。

II　解答　7−イ　8−ク　9−ウ　10−ア　11−エ　12−カ

◆全　訳◆

≪極限の地，アルチプラノ高原≫

　南アメリカのアンデス高地には，世界でもっとも驚くべき風景が横たわっている。アルチプラノ高原もしくは「高地平原」は究極ばかりの地である。アルチプラノ高原は世界で 2 番目に広い高原である。高地にある湖と

しては世界最大のチチカカ湖と最大の塩源であるウユニ塩湖を抱えている。標高 4,500 メートルの高さにあり，世界中の多くの山よりも高い。

　アルチプラノ高原のほとんどは，ボリビアとペルーの中にあるが，南部はチリとアルゼンチンにかかっている。アタカマ砂漠——地球上でもっとも乾燥した地域——は南東にある。アマゾンの熱帯雨林は東側にある。

　ここは，この世ならぬ場所，地球よりもむしろ火星のように見える場所である。高い火山は深い渓谷と対照をなしている。気温は，沸騰するような暑さから凍りつくような寒さまで，同じ一日のうちに変化することがある。この乾燥した環境下で生存できる植物はほとんどない。

　しかし，動物たちはここで驚くべき繁栄ぶりを見せる。ラマ，キツネ，アルパカなどの哺乳類がいる。高空を飛ぶコンドルや南アメリカ分布の 3 種のフラミンゴなどの鳥類もいる。

■■■■■ ◀解　説▶ ■■■■■

7．イ．extremes が正解。意味から探るのは困難であるが，前置詞 of の直後にあることから，名詞であると判断して選択肢を探ると，該当するのはイの extremes「極限，極端」とウの planet しかないので容易に判断できる。空所 7 の後から段落末まで，extremes の例が列挙されている。

8．ク．while が正解。空所 8 の文は，主語と動詞が 2 組（Most of the Altiplano lies と its southern parts lie）あるので，空所 8 は接続詞であると判断できる。すると，キの whether とクの while が該当するが，whether「〜かどうか，〜であろうがなかろうが」では意味をなさない。空所 8 の前と後で対照をなす記述となっているので，and on the other hand の意味となる while が適切である。

9．ウ．planet が正解。空所 9 は the の直後に来ているところから名詞であると判断できる。名詞はイの extremes とウの planet しかないので，判断は容易である。ウとすると on the planet で in the world と同じく最上級の driest を強調する副詞句となり，適切である。

10．ア．deep が正解。空所 10 は直後の valleys を修飾しているところから，形容詞であると判断できる。すると，アの deep とオの thorough「完全な，徹底的な」が該当する。この valleys は，High volcanoes を主語とする動詞句 contrast with 〜「〜と対照をなす」の目的語となっている。したがって，high と対照的な意味を持つ deep を正解とするのが妥当

である。

11．エ．survive が正解。空所 11 は，助動詞 can の直後に来ているところから動詞原形とするのが妥当である。survive を選ぶと，can survive the dry conditions で「この乾燥した環境を生き延びる」すなわち「環境下で生存できる」となり，適切である。

12．カ．thrives「繁栄する，繁殖する」が正解。空所 12 は前の animal life を主語とする動詞である。本節全体が現在時制で書かれているので，ここも現在形が適切。thrives を選ぶと，直前の surprisingly の修飾を受けて「驚くほど繁栄している」となり，植物の不毛さと対照的な動物の豊富さを記述していることになるので適当である。

Ⅲ　解答

13—ウ　14—イ　15—ア　16—エ　17—イ　18—ウ
19—ウ　20—ア

◀解　説▶

13．「ジェシカの友人たちの多くは，なぜ彼女がそのような報酬のいい仕事をやめたのかと不思議がった」
空所以下は述語動詞 wonder の目的語となる名詞節となっている。直後に動詞原形 quit「やめる」が来ているところから，正文となるのは，空所を目的格補語の原形不定詞とするウの what made her のみである。これを正解とすると，空所以下の意味は「何が彼女をしてそのような報酬のいい仕事をやめたさせたのか〔なぜ彼女がそのような報酬のいい仕事をやめたのか〕」となり，適切である。イ．the way she has は，空所以下が「そのような報酬のいい仕事をやめたそのやめ方」の意味となるためには wonder の後に前置詞の about が必要である。

14．「聴衆からのどのようなコメントや提案も大歓迎されます」
イ．Any が正解。Any を肯定文で使用し，複数名詞とともに使用することに疑問を持つかもしれないが，any＋可算名詞複数形で，「複数の可能性のある」名詞の場合に any を使用する用法がある。「どんな〜でもいくつでも」「（数量を表して）どれほどの〜でも」といった意味になる。ア．Almost は all などを伴って「ほとんど〜」の意味なので不可。後に comments and suggestions と複数名詞が続いているので，ウの Every も不可。エは副詞なので名詞を修飾できないため不可。

15.「歴史上，今日ほど人類が環境問題を意識したことはない」

ア．no が正解。文の主語と述語は，have humans been … と疑問文の語順になっている。これは，否定を表す副詞（句）が文頭に置かれために倒置形をとったと考えるのが妥当である。以上から，アの no を正解とすると，比較級を用いて最上級の意味を表す構文となり，適切である。

16.「その食品は，室温以下に保たれると，約 1 週間もちます」

エ．kept が正解。選択肢を見渡して，どの選択肢を選んでも if 節に主語を欠くことに注目する。副詞節においては主語と be 動詞がそろって省略されることがある。それを踏まえて it（＝the food）is を補って正文となる選択肢を探ると，受動態となるエが正解となる。

17.「ベイカー氏は，経営者が下したどんな決定でも常に従業員に知らせてきた」

述語動詞の has の後に目的語として employees「従業員」がきていること，その直後に準動詞がくること，この 2 点からこの文は SVOC の文型と考えられる。C に用いられる inform は「*A*（人）of *B*（物・事）」をともなって「*A* に *B* を知らせる」の意味となる。O と C は主述関係となるので，employees は「inform される」と受け身に立つことになる。以上から，inform は過去分詞となるのが適切である。

18.「地球温暖化は，長く国際的な関心事である。そして，未だに深刻な問題として未解決なままに残されている」

ウ．to be solved が正解。選択肢から判断して，空所には solve「解決する」の準動詞が来ると考えられる。直前の a serious problem とは主述関係となるので，ここでは受け身に立つ。したがって，アの solved とウの to be solved が正解の候補となる。ア．solved とすると，意味的には，「深刻な問題として解決されたままだ」となり，不適切である。ウ．to be solved を正解とすると，意味的には「解決されるべき」すなわち「未解決な」となり，適当である。remain（as *A*）to be solved は，「（*A* として）未解決なまま残る」の意味の慣用句である。

19.「ケンとメアリは二人の生活を始めるための住宅の候補物件を 2 つ見てみたが，どちらも彼らの予算内には収まらなかった」

ウ．neither が正解。空所以下の節は，文前半の「住宅の候補物件を 2 つ見てみた」と逆接となる but によって接続されている。したがって，予

算内には「収まらなかった」と否定文になるのが適当である。これに該当する選択肢はウの neither のみである。

20.「深刻な経済問題にもかかわらず，政府は消費税を上げるように命じた」

ア．be raised が正解。選択肢から判断して，空所には raise の変化形が入ると考えられる。また，空所は that 節中の述語動詞である。直前の the consumption tax「消費税」が主語となるので，ここは受け身に立つ。以上に該当するのは，アの be raised のみである。be と原形になっているのは，仮定法現在時制をとっているからである。要求・命令・提案などを表す動詞の後の that 節では，仮定法現在時制をとるか助動詞 should を用いる。

IV　解答　21—ウ　22—ア　23—エ　24—ウ

◀解　説▶

21.「そのバンドの新しいアルバムはフレッドの期待に沿うものだった」

ウ．The group's recent collection of songs met Fred's expectations. が正解。問題文の album が collection of songs に言い換えられている。問題文で用いられている live up to ~ は「（期待などに）沿う，応える」の意味のイディオムで，ウで用いられている meet にもこの意味がある。

22.「レイの上司は去年の春のレイの昇進を見送った」

ア．Last spring, Ray's supervisors denied giving him a promotion. が正解。問題文で用いられている pass *A* over for *B*（pass over *A* for *B*）は「*A*（人）の *B*（昇進など）を見送る，除外する，~からはずす」の意味のイディオムで，アでは「~を拒む，拒絶する」の意味の deny を用いて書き換えられている。promotion「昇進」

23.「一年の決まった時期に，そのリンゴ農園は労働者を雇う」

エ．The farm that grows apples hires workers at certain times in the year. が正解。問題文で用いられている take on ~ のイディオムは様々な意味で用いられるが，ここでは「（人を）雇う，採用する」の意味。したがって，エで用いられている hire と同義である。certain times は「ある決まった時期〔期間〕」の意味。問題文の the apple farm が選択肢では

the farm that grows apples と言い換えられている。

24.「生徒は，彼女の名声のために彼女の授業をとっている」

ウ．Students enroll in her class because they have heard good things about her. が正解。問題文で用いられている by virtue of ～ は「～のせいで，おかげで，理由で」の意味のイディオム。ウでは「～を聞いたので」と because 節で表現されている。take は「（講義などを）選択する，とる」の意味で用いられているが，選択肢では enroll in で言い換えられている。また，reputation には「評判」の意味と「名声，信望」の意味がある。ここでは後者の意味。her reputation がウでは good things about her と言い換えられている。

V　解答　25-ア　26-ア　27-ウ　28-イ　29-イ

◀解　説▶

25.(a)「ある特定の場所や状況の雰囲気」

(b)「彼らはその行事でリラックスした雰囲気を作り出すためにクラシック音楽を用いた」

ア．atmosphere「雰囲気」が正解。イ．background「背景」　ウ．circumstance「状況」　エ．condition「条件，状況」

26.(a)「大きなあるいは突然の社会的変化に反対の」

(b)「その政治家は，現在の法律に対するどのような改定にも保守的な態度をとっている」

revision「改訂」　existing「現在の，現存の」

ア．conservative「保守的な」が正解。イ．definite「明確」　ウ．radical「急進的な」　エ．reasonable「妥当な」

27.(a)「未来に起こるかもしれない，あるいは起こるであろうことの可能性」

(b)「このような偉大なチームに加われる見込みにとても興奮しています」

ウ．prospect「見込み」が正解。ア．calculation「計算」　イ．insurance「保証」　エ．reflection「反射，反映，省察」

28.(a)「あることについてより多くのことを知るために注意深く調べること」

(b)「保健所は，レストランが特定のガイドラインや規制に従っているか確認するために視察しなければならない」

イ．inspect「視察する」が正解。ア．disrupt「混乱させる」 ウ．overlook「見逃す」 エ．reply「返答する」

29. (a)「不必要あるいは望ましくないものを完全に取り除くこと」

(b)「クレジットカードはたくさんの現金を持ち歩く必要をなくす」

イ．eliminate「除去する」が正解。ア．betray「裏切る」 ウ．subsidize「助成金を支給する」 エ．withstand「抵抗する，持ちこたえる」

VI 解答
30—ウ 31—オ 32—カ 33—イ 34—カ 35—イ
36—イ 37—オ

◀解 説▶

30・31．(Here is my business card with) the address I want the product shipped to.

30 の空所が前置詞 with の直後に続いている。この with 句は前の my business card を修飾している。与えられた日本語の「宛て先が書いてある私の名刺」から，「住所をともなった名詞」と考えて，空所の先頭には the address がくることがわかる。次に，「その製品を送っていただきたい（住所)」の「送る」に用いる動詞 ship が shipped と過去分詞になっているところから，動詞 want は第 5 文型をとることを理解する。以上から，the product shipped で O と C とする。最後に to が残る。ship *A* to *B* で「*A* を *B* に送る」の to である。the address の後には関係代名詞の that / which が省略されており，その that / which が to の目的語である。

32・33．(It was) not until my sister came home that (she realized she had left her smartphone on the train.)

「～して初めて…する」を表すのに it is / was not until ～ that … の強調構文が用いられている。直訳すれば「…したのは～するまでのことではなかった」となる構文である。until は前置詞として用いられることも接続詞のこともある。ここは，「妹は家に帰ってきて」となるところで，語群に came があることから節であることがわかる。

34・35．(It is amazing) how so simple a task can be made (to appear so difficult.)

仮主語構文をとっている。真の主語として that 節を期待するが，語群から判断して接続詞（相当語）は how とする。この疑問副詞 how は，このような仮主語構文や動詞の目的語となる節を導くのにしばしば用いられるが，that と意味上の差はほぼない。ポイントは，オの simple a task である。なぜ a simple task でないのかを理解する。感嘆文で用いられる how からの類推で，how に引っ張られて形容詞の simple が前に出たと考えたくなるが，それだとカの so が余ってしまう。この so の使い方と合わせて考えると，a simple task の simple を so が強調しており，so が simple をひっぱったと考えることができる。できあがった節は使役動詞の make が受動態で用いられることになり，原形不定詞は to 付き不定詞に変えられる。

36・37. (I do not see) any reason <u>as</u> to <u>why</u> the bank would (want that information.)

「その銀行がその情報を必要とする理由」の日本語からは，reason why ~ と書きたくなるが，それではイの as とエの to が余ってしまう。それをヒントに考え直すと「~については，~に関しては」の意味の前置詞句の as to を why 節の前に置けばよいとわかる。なお，関係副詞の why とその先行詞の reason は，どちらかが省略されることが多い。この問題での why は疑問副詞である。

Ⅶ　解答

問 1．イ　問 2．イ　問 3．エ　問 4．エ　問 5．エ
問 6．イ　問 7．ウ・キ（順不同）

◆全　訳◆

≪資源問題としての水不足──先進国にも責任≫

　地球は，「水の惑星」と呼ばれることもあるが，地球上の水のうち人間に入手でき，利用可能なのはそのうちわずか 0.01 パーセント程度でしかない。言い換えれば，地球上の水を全部 500 ミリリットルのボトルに詰めたとしたら，人間が実際に飲料や農業に使うことができる量はたったの一滴にも満たない。真水は人間の生活に必要であるが，目下のところ，全人類に十分なだけはない。それゆえに，水は現代の最も重要な天然資源の一つである。

　どこにいようが人間は水に依存している。だから世界の人口が増加する

につれて，水が環境に与える影響も増加する。たとえば，地中から水をく
み上げすぎれば井戸や河川が干上がる原因となる。アラル海は，かつては
大きさが世界第 4 位の湖であったが，水を供給していた河川の水が灌漑用
に取られた結果，消滅したも同然になってしまった。さらに，ナイル川や
インダス川のような世界最大級の河川でさえも干上がる危機にある。

　水の不足——water scarcity（水不足）と呼ばれている——は世界中の
人間に影響を与える。発展途上国には，水を入手して浄水化する有効なシ
ステムを持っていない国が多い。水をすぐに利用できない人たちは，ただ
水を得るためだけに毎日家をはるか遠く離れて移動しなければならないこ
とも多い。サハラ以南のアフリカ住民のおよそ 3 分の 1 が，最も近い水源
に行くのに少なくとも 30 分，しかもしばしば 1 日に数回移動しなければ
ならない。この重労働は，主に女性と女児の肩にのしかかる。その結果，
多くの女性はほかの仕事が何もできず，多くの幼い少女が学校に通えない。
不潔な水を飲むことにより，まず子どもが病気になったり死んだりするこ
とも多い。

　日本のような先進国の人たちはこの問題を自分たちには関係がないと感
じるかもしれないが，そうではない。この問題に対しては，先進国も仮想
水の使用を通して大きな責任がある。仮想水とは，食料に加え衣料，電子
機器といった製品の生産や輸送に使用される水の総量のことである。たと
えば，ハンバーガー 1 個は，牛肉を育て加工し輸送するのに，およそ
2,400 リットルを要する！　日本は世界で第 2 位の仮想水輸入国であり，
結果として地球の水危機に対して応分の責任を負うのである。

　環境から取り出す水の量を増やすことを可能にする新しい技術（海水か
ら塩分を除去することを可能にする脱塩など）が開発されているにもかか
わらず，水不足問題を簡単に解決することはできないのである。

━━━━━━━ ◀解　説▶ ━━━━━

問 1．イが本文に一致。「豊富にあるにもかかわらず，水は不十分である」
が，第 1 段第 1 文と第 3 文（Fresh water is …）の currently, there is
not enough for everyone から導かれる。また，「人間が地球上で生活す
るためになくてはならない天然資源である」も同第 3 文の Fresh water
is necessary for human life に一致。the amount of fresh water is
hardly inadequate … とあるアが一見紛らわしいが，hardly inadequate

と二重否定になっており，「真水は十分にある」ことになるので不一致。
ウは真水について readily available for human use「人間がたやすく利用
できる」としており，第 1 文の only around 0.01 percent of the Earth's
water can be accessed and used by humans に反する。can be
accessed がこの選択肢では is readily available と言い換えられている。
Just over a single drop from … とあるエは，over が more than と同義
であり，第 2 文（In other words, …）にある less than と逆になっている。
問 2．イ．「かつてはアラル海の水を補充するのを助けていた河川の水が
農作物栽培用に転用されるようになり，アラル海全体の消滅を引き起こし
た」が本文と不一致。第 2 段第 3 文（The Aral Sea, …）に，アラル海に
ついて，has almost disappeared「ほぼ消滅した」の記述がある。選択肢
では causing … to vanish in its entirety「…がアラル海全体の消滅を引
き起こした」となっており，不一致である。本文の feed, taken for
irrigation が選択肢では，それぞれ refill, diverted to help grow crops に
言い換えられているので紛らわしいが，意味が合致しているかどうかを見
極めてほしい。help *do*「～するのを助ける」 divert「転用する」 in its
entirety「全体として，完全に」
問 3．エ．「水不足は，アフリカのサハラ以南地域の発展途上国に住む人
たちだけに限らない環境問題である」が，第 1 文に A lack of water—
called water scarcity—affects people all over the world. とあるのに一致。
water scarcity「水不足」 アは on a weekly basis「毎週」とあるのが，
第 4 文（It is estimated that …）に often several times a day とあるの
に不一致。イは Because many females … must attend school とあるの
が，第 6 文（As a result, …）に many young girls cannot attend school
とあるのに不一致。ウは those in the latter years of a normal life「人生
末期にある人たち」とあるのが，第 3 段最終文に Children are also often
the first to get sick or die … とあるのに不一致。the first to get sick or
die が，選択肢では initial victims「最初の犠牲者」に，また，from
drinking dirty water が consuming unsanitary water「不衛生な水を消
費する」に言い換えられている。
問 4．エ．「世界最大の輸入国ではないが，日本は，海外の一次産品を受
け入れることを通して実質的に水不足問題に荷担している」が本文に一致。

第 4 段第 2 文（Developed countries contribute to …）に，日本を含めた（第 1 文参照）先進国について，Developed countries contribute to this problem（＝the water shortage problem）in a major way through their use of virtual water.「先進国もこの問題に対して仮想水の使用を通して大きな責任がある」の記述がある。virtual water「仮想水」とは，次の第 3 文（Virtual water refers to …）に，「食料に加え衣料，電子機器といった製品の生産や輸送に使用される水の総量」との説明がある。本文の contribute to ～ が，選択肢では contribution to ～ と名詞化され，in a major way「大いに」の副詞句が substantial「実質的な」の形容詞を用いて言い換えられている。また，第 3 文の products like clothing and electronics が commodities「日用品」に言い換えられている。While（Japan is）not the largest importer in the world に関しては，最終文に，Japan is the second largest virtual water importer in the world とあるのに一致している。

問 5．エ.「仮想水とは，食料品や消費財を作り輸送するために使われる水の総量の中の最大の割合を占める部分のことである」が本文と不一致。virtual water については，問 4 で見たとおり，第 4 段第 3 文（Virtual water refers to …）に説明がある。すなわち「食料品や消費財を作り輸送するために使われる水の総量」であり，本文の語句によれば the total amount of water である。したがって，the largest portion of the total volume of water と説明しているエは本文と不一致となる。

問 6．イ.「最新の技術の進歩により，環境から十分な量の水を抽出できるようになり，世界の水問題を解決した」が本文と不一致。第 4 段までの論旨から，また常識から判断してこの選択肢が不一致と容易に推測できるだろう。第 5 段の書き出しの前置詞 Despite に続く the development of … the environment が選択肢では主節部分（… has extracted a sufficient amount of water …）に書き換えられている。despite「～にもかかわらず」から，水不足は解消されていないことが予測できる。続く主節と，選択肢の分詞構文で書かれているところ（…, solving the global water crisis）を比較すれば，不一致であることは容易に確認できる。

問 7．ウ.「河川消滅の一つの原因は地下水の組み上げ過ぎである」が本文と一致。pump water の語句に注目して本文を探ると，第 2 段第 2 文が

Pumping too much water from the ground の書き出しで始まっている。from the ground が選択肢では from beneath the earth に言い換えられている。述部にある run dry「（井戸や河川が）干上がる」は，選択肢では the disappearance of rivers となっている。

キ．「実際には，世界の水不足の責任は先進国に住む人々にも関係がある」が本文と一致。responsibility や advanced countries の語句に注目して本文を探ると，第 4 段第 2 文に Developed countries contribute to this problem in a major way … の記述がある。「この問題」とは選択肢の water scarcity「水不足」のことである。contribute to ～「（比喩的に）～に貢献している」が the responsibility for … is connected to ～ に言い換えられている。

アは one tenth of the Earth's water の one tenth「10 分の 1」が 0.01 percent（第 1 段第 1 文）の間違い。イは，be used for farming となっているが，第 1 段第 2 文（In other words, …）を参照すると，drinking が抜けている。エは，第 2 段最終文（Furthermore, even some …）によれば，ナイル川も in danger of drying up「干上がる危険性がある」とあるので間違い。オは，「発展途上国における水の入手と消毒のシステムはこの貴重な資源の需要に十二分に対応できている」の意味で，第 3 段第 2 文（Many developing countries …）に不一致。sanitize「衛生的にする，消毒する」 more than capable of ～「十分以上に～できる」とは，すなわち「十二分に～できる」の意味である。カは，young males とあるのが，第 3 段第 5 文（This burden falls …）に「この負担は主に女性と女児に降りかかる」とあるのに不一致。

問 題

（60 分）

Ⅰ　次の対話文の空所に入れるのに最も適当なものを，それぞれア〜エから一つ選べ。

〔A〕

A：Is there anyone who's going to see Timmy before our next practice?

B：I will, coach. We ride the bus together every day to school.

A：That's great, Billy. Could you be sure to let him know we're practicing at Green Field, not Allen's Lane?

B：Of course, coach. ＿＿＿＿1＿＿＿＿

A：No, there aren't any picnic tables, benches, or bathrooms there. We'll use the open space behind the tennis courts. It has plenty of seating.

B：I see. I'll also remind him to bring a few snacks for our party afterward.

A：Actually, please ＿＿＿＿2＿＿＿＿. We have enough food already.

B：Yes, coach. I'll mention it to him when I see him tomorrow morning.

A：Oh, and I almost forgot. Tell him to wear his home team uniform for our team picture.

B：That's right! I hope ＿＿＿＿3＿＿＿＿.

A：Yeah, the quality was excellent, but everyone looked so miserable standing in the rain.

1．ア．Are we still going to cancel practice if it rains?

　　イ．Are we still going to meet on the north side like last time?

　　ウ．Doesn't Green Field have a big parking lot?

　　エ．Doesn't he need to bring his tennis racket?

2．ア．ask him to bring something healthy like potato salad or fruit

イ．inform him we'll cancel the party if people don't bring food

ウ．tell him to bring some drinks, cups, and ice instead

エ．tell him we still need someone to bring folding chairs

3．ア．everyone joins the party afterward, too

イ．everyone remembers to do it this time

ウ．that we play well in our next match

エ．this year's looks better than last year's

〔B〕

A：After I sweep the doorway, what else should I do to help close up?

B：Let's see. ＿＿＿4＿＿＿

A：Are they in the dining room or did someone bring them back to the kitchen?

B：They're in the kitchen. Once you're done, could you fold about 100 napkins?

A：Sure. ＿＿＿5＿＿＿

B：No problem, just keep it low. And make sure you bring about half of the napkins upstairs, OK?

A：Should I put them under the counter or with the plates and silverware?

B：Actually, they go in the waiters' area, next to the menus.

A：OK. I've got it. I'll ＿＿＿6＿＿＿ .

B：Can you do it before then? I don't want you to forget like you did last Friday.

A：I'll start on those tasks right after I finish sweeping.

4．ア．Someone has to bring the trashcans in from outside the restaurant.

イ．Someone needs to tidy the waiting area and close all the

windows.

ウ．We need to call the distributors to confirm the deliveries.

エ．We still have to refill all the salt and pepper shakers.

5．ア．Do you mind if I fold 50 today and 50 tomorrow?

イ．Do you mind if I listen to music while I work?

ウ．Is it OK to have a coffee before I get started?

エ．Is it possible to leave after I'm done?

6．ア．be sure to put them next to the menus this time

イ．do it right before we lock the doors for the night

ウ．do it right now before I forget

エ．remember to do it next time

Ⅱ　次の英文の空所に入れるのに最も適当な語を，ア～クから選べ。ただし，同じものを繰り返し用いてはならない。

　　Studies show a correlation between exercise and neurological health. Some of these studies examine how regular exercise can both prevent or at least （　7　）dementia in older adults by increasing the level of brain-derived neurotrophic factors (BDNF). BDNF's main role seems to be in helping brain cells （　8　）longer, therefore ensuring better cognitive functions. Additionally, studies have found that physical activity results in （　9　）levels of cerebral blood flow and an increase in neural activity in certain parts of the brain that involve attention. This seems to result in older, active adults achieving better results in cognitive memory tests than their sedentary* counterparts.

　　However, it is not only the elderly who can （　10　）the neurological benefits of a regular exercise program. Studies involving young adults （　11　）a 12-week program of jogging also showed a positive correlation. The group performed significantly better on cognitive tests while exercising (12) to when they stopped their running program. Some scientists attribute this to the increased level of oxygen flowing to the brain, a consequence of exercise, which helps in memory formation in young adults.

*sedentary　身体をほとんど動かさない

ア．caused　　　　　　イ．compared　　　　　ウ．enjoy

エ．following　　　　　オ．postpone　　　　　カ．putting

キ．survive　　　　　　ク．sustained

Ⅲ　次の各英文の空所に入れるのに最も適当な語句を，ア〜エから一つ選べ。

13. He was （　　　） enough to offer his seat to an elderly lady on the train.

ア．considerably　イ．considerate　ウ．considering　エ．to consider

14. I thought we still had some computers, but actually, there were （　　　） available in the room.

ア．anything　　イ．nobody　　　ウ．none　　　エ．nothing

15. Christy finished most of the assignment herself, but she did not do （　　　） all.

ア．it　　　　　　　　　　　　イ．one

ウ．the assignment　　　　　　エ．those assignments

16. You may find （　　　） appears difficult at first turns out to be easy later.

ア．it　　　　　イ．that　　　　ウ．what　　　エ．which

出典追記：Ⅱ．A Good Read 2 by Carlos Islam and Carrie Steenburgh, Cengage Learning

17. The idea that you would be (　　　) at the rear of a plane has only limited data in statistics.

　　ア．more safely　　イ．safest　　　　ウ．safety　　　　エ．the safer

18. Suddenly, something large was (　　　) falling on the roof of our house.

　　ア．heard　　　　イ．listened to　　ウ．looked at　　　エ．watched

19. The authority concealed the fact from the people (　　　) their personal data was leaked.

　　ア．that　　　　イ．what　　　　　ウ．which　　　　エ．who

20. Human activities have left too many dead satellites and fragments of machinery (　　　) in Earth's orbit.

　　ア．discarded　　　　　　　　　イ．discarding
　　ウ．that discard　　　　　　　　エ．which discards

Ⅳ　次の各英文の意味に最も近いものを，ア〜エから一つ選べ。

21. They have set down the conditions concerning importing meat.

　ア. They have canceled the conditions regarding the importation of meat.

　イ. They have established the conditions regarding the importation of meat.

　ウ. They have revised the conditions concerning importing meat.

　エ. They have weakened the conditions concerning importing meat.

22. The scientists took pains to prove that their theory is valid.

　ア. The scientists hurt themselves while demonstrating their theory is valid.

　イ. The scientists spent lots of time and effort in showing their theory is valid.

　ウ. The scientists were excited to demonstrate that their theory is valid.

　エ. The scientists were forced to show that their theory is valid.

23. The project to renovate the school building was turned down by the board.

　ア. The board criticized the project of renovating the school building.

　イ. The board evaluated the project of renovating the school building.

　ウ. The project to renovate the school building was deliberated by the board.

　エ. The project to renovate the school building was rejected by the board.

24. The mayor appeared to have answered the questions off the cuff.

　ア. It appeared the mayor had answered the questions with a lot of energy.

　イ. It appeared the mayor had answered the questions without any preparation.

ウ．The mayor appeared to have been afraid to answer the questions.

エ．The mayor appeared to have been coached to answer the questions.

Ⅴ　次の（a）に示される意味を持ち，かつ（b）の英文の空所に入れるのに最も適した語を，それぞれア〜エから一つ選べ。

25.（a）to agree unwillingly that something is true or that someone else is right

（b）We also have to（　　）that her ideas are not unreasonable.

ア．admit　　　イ．disclose　　　ウ．object　　　エ．protest

26.（a）in a mild, kind, or careful manner

（b）When I（　　）touched the cat's body, it stretched happily.

ア．gently　　　イ．intentionally　ウ．prudently　　　エ．terribly

27.（a）to try to judge the value, size, or cost of something by not measuring it exactly

（b）They needed to（　　）expenses prior to constructing the office complex.

ア．accumulate　イ．derive　　　ウ．estimate　　　エ．penalize

28.（a）a job or profession

（b）In addition to your health, factors such as your education and previous（　　）will be considered in your application.

ア．endeavor　　　　　　　　イ．income

ウ．occupation　　　　　　　エ．reference

29.（a）found to be responsible for crime

（b）The man was found not（　　）due to the lack of evidence.

ア．guilty
イ．innocent
ウ．pitiful
エ．shameful

Ⅵ　次の［A］〜［D］の日本文に合うように，空所にそれぞれア〜カの適当な語句を入れ，英文を完成させよ。解答は番号で指定された空所に入れるもののみをマークせよ。なお，文頭に来る語も小文字にしてある。

［A］　昨日彼が彼女にプロポーズしたのは，店長に昇格したからです。

（　　）（　　）（　30　）（　　）（　31　）（　　）to manager that he proposed to her yesterday.

ア．because　　　イ．got　　　ウ．he

エ．it　　　オ．promoted　　　カ．was

［B］　君が望めば，その課題を言われた通りにできたであろう。

You could have done the assignment just（　　）（　　）（　32　）（　　）（　　）（　33　）.

ア．if　　　イ．like　　　ウ．you

エ．you had　　　オ．wanted to　　　カ．were told

［C］　金を使い果たしてみて初めてその価値を考える人がいる。

Some take no（　34　）（　　）（　35　）（　　）（　　）（　　）up.

ア．have used　　　イ．it　　　ウ．the value of money

エ．they　　　オ．thought of　　　カ．until

［D］　その学者はその調査は言及するに値すると明言した。

The scholar（　　）（　36　）（　　）（　　）（　37　）（　　）mentioning.

ア．clear　　　イ．deserved　　　ウ．it

エ．made　　　オ．the research　　　カ．that

Ⅶ　次の英文を読み，あとの問いに答えよ。

The term "appropriate technology" was first used by E. F. Schumacher in his 1970s book *Small is Beautiful*, which promoted his own philosophy of technological progress. Do not start with technology and see what it can do for people, he argued. Instead, "find out what people are doing, and then help them to do it better." According to Schumacher, it did not matter whether the technological solutions were simple or sophisticated. What was important was that they were long-term, practical, and in the hands of the people who used them.

So, "appropriate technology" suits the needs and abilities of the user, and also takes into account environmental and cost considerations. For this reason, it is often found in rural communities in developing countries. Examples include solar-powered lamps that bring light to areas with no electricity, and water purifiers that work by simply sucking through a straw. But the principle of appropriate technology does not only apply to developing countries.

It also has its place in the developed world. For example, a Swedish state-owned company, Jernhusen, has found a way to use the energy produced each day by the 250,000 bodies rushing through Stockholm's central train station. Their body heat is absorbed by the building's ventilation system, and then used to warm up water that is pumped through pipes to heat a new office building nearby. It's old technology — a system of pipes, water, and pumps — but used in a new way. And it is expected to bring down central heating costs in the office building by up to twenty percent.

Finally, appropriate technology needs to be culturally appropriate. In other words, it needs to fit in with people's customs and social practices. This cannot always be guaranteed, as in the case of a device for shelling corn developed to help women in a Guatemalan village. Some engineers who were visiting the village observed how labor-intensive and slow it was for women to shell corn by hand. So, they designed a simple mechanical device to do the job more quickly. The new device certainly saved time, but after a few weeks, the women returned to the old manual method. Why? Because they enjoyed the time they spent hand shelling: It gave them an opportunity to chat and exchange news with each other.

問1　本文の第 1 段落の内容に合うものとして最も適当なものを，ア～エから一つ選べ。(38)

　ア．According to Schumacher, our first steps should be to explore the ways in which existing technology could help people.

　イ．Even if a technological solution is not sophisticated, Schumacher felt it should help people do what they are doing.

　ウ．Schumacher felt the effect of technology could be short-lived, provided it was sophisticated.

　エ．*Small is Beautiful* was the book Schumacher first got his inspiration from.

問2　下線部(39)の内容として最も適当なものを，ア～エから一つ選べ。

　ア．the arms of people who use technology to solve problems

　イ．the measures taken to solve problems

　ウ．the people who benefit from technological solutions

　エ．the problems facing people in situations of need

問3　本文の第 2 段落の内容に合うものとして最も適当なものを，ア～エから一つ選べ。(40)

　ア．Appropriate technology is not applicable to rural communities under any circumstance.

　イ．In using the principle of appropriate technology, an operator's skill level cannot be ignored.

　ウ．Outside of developing countries, there is little need or value in

出典追記：Life 5 by Paul Dummett, John Hughes, Helen Stephenson, Cengage Learning appropriate technology.

エ．The sole concern for determining whether technology is suitable or not is the price.

問 4　本文の第 3 段落の内容に合うものとして最も適当なものを，ア〜エから一つ選べ。(41)

ア．A company in Sweden has found a way to gather the heat generated by a building not far from the Stockholm train station.

イ．A train station in Stockholm is warmed using the body heat of its 250,000 daily train passengers.

ウ．The heating costs at a building powered by the body heat of people in a station in Sweden are expected to be reduced as much as 20 percent.

エ．The technology a company in Sweden is using for pumping water through pipes has never been used before.

問 5　下線部(42)の内容として最も適当なものを，ア〜エから一つ選べ。

ア．the body heat generated by the thousands of employees at Jernhusen

イ．the infrastructure of a Swedish building

ウ．the new system developed by a Swedish company utilizing the old technology

エ．the office building near Stockholm's central train station

問 6　本文の第 4 段落の内容に<u>合わないもの</u>を，ア〜エから一つ選べ。(43)

ア．Engineers visiting a Guatemalan village designed a corn-shelling device, but the women stopped using it after a while.

イ．In theory, appropriate technology should match people's conventions, social norms, and values.

ウ．Some engineers visiting a Guatemalan village noticed that shelling corn by hand was a laborious and time-consuming effort.

エ. The new device presented to women in a Guatemalan village prevented them from getting their work done.

問7　本文の内容と合うものを，ア〜キから二つ選び，(44)と(45)に一つずつマークせよ。ただし，マークする記号（ア，イ，ウ，...）の順序は問わない。

ア. Schumacher's philosophy of "appropriate technology" has not yet been made public to the world.

イ. All that mattered to Schumacher was how simple and easy technological solutions can be for users.

ウ. Although appropriate technology benefits the end user, it disregards both environmental and budgetary issues.

エ. An example of appropriate technology provided people living without electricity with some lighting devices.

オ. Even using technology available now, straws cannot be used to purify water.

カ. The corn-shelling device in the example of a Guatemalan village is a successful application of appropriate technology.

キ. Women in a Guatemalan village preferred interacting with one another to saving time while shelling corn.

2 月 12 日実施分　　解　答

I **解答** 〔A〕 1-イ　2-ウ　3-エ
〔B〕 4-エ　5-イ　6-イ

◆全　訳◆

〔A〕≪テニスのコーチとメンバーの会話≫

A:次の練習までにティミーと会う人はいますか？

B:はい，コーチ。毎日，学校までいっしょにバスに乗っています。

A:それはよかった，ビリー。アレンズレーンではなくて，グリーンフィールドで練習すると，必ず伝えてくれるかい？

B:はい，もちろんです，コーチ。前回と同じく北側に集まるんですか？

A:いや，あそこはピクニックテーブルもベンチもトイレもないんだ。テニスコートの向こうの広場を使おう。座るところがたくさんある。

B:わかりました。ティミーに，後のパーティー用に軽食を少し持ってくるように念を押します。

A:いや，それがね，代わりに飲み物とカップと氷を持ってくるように言ってくれないか。食べ物はもう十分にあるんだ。

B:はい，コーチ。明日の朝に会ったとき，そう言っときます。

A:あっ，忘れるところだった。チームの写真を撮るのにホームチームのユニフォームを着るように言ってくれ。

B:そうですね！　今年の写真は去年のよりいい写真になるといいですね。

A:そう，画質はよかったんだが，雨の中で立っていたんで，みんなみすぼらしく写っていたよ。

〔B〕≪レストランのスタッフとその上司の会話≫

A:玄関口を掃いた後，閉店のお手伝いは他に何をしたらいいですか？

B:ええっとね，あと，塩入れと胡椒入れの中身をすべて補充しておかないといけない。

A:ダイニングルームにありますか，それとも誰か，キッチンに戻してくれましたか？

B:キッチンにある。済んだら，ナプキンを 100 枚ほど，たたんでくれる

か？

A：はい。仕事をしながら，音楽を聞いてもいいですか？

B：いいよ，ただ音量を下げておいてくれ。それと，忘れずにナプキンを半分ほど二階に上げておいてくれ，いいかい？

A：カウンターの下に置きますか，それともお皿と銀器といっしょに置きますか？

B：いやいや，スタッフエリアに置いてくれ，メニューの隣だよ。

A：わかりました。夜，ドアに施錠する直前にやります。

B：その前にやってくれるかい？　前の金曜日みたいに忘れてもらうと困るんだ。

A：掃くのが終わったらすぐにその仕事にかかります。

━━━━━━ ◀解　説▶ ━━━━━━

〔A〕テニスチームのコーチ（A）がメンバー（B）に，欠席しているティミーに次回の練習場所を連絡するように指示している。練習の後に野外でのパーティーが予定されている。

1．イ．「やっぱり前回と同じく北側に集まるんですか？」が正解。空所1に対して，Aは No, there aren't any picnic tables, … there. と応答している。この文尾の there の指す場所が空所1に含まれていると考えられる。これに該当するのはイとウである。ウは，Green Field に大きな駐車場がないことを確認しており，「そこには，ピクニックテーブルもベンチもトイレもない」との A の応答とつながらない。イを正解とすると，応答では，No の後に「北側に集まる」のではない理由が述べられ，代わりに「テニスコートの向こうの広場」が提案されることになり，適切である。

2．ウ．「彼（ティミー）に代わりに飲み物とカップと氷を持ってくるように言ってくれないか」が正解。空所2を含む A の発言の先頭の Actually は，相手にとって意外な内容，あるいは相手にとって初めての情報を提示する際に用いられる文修飾副詞である。この会話は，その前の B の I'll also remind him to bring a few snacks for our party afterward. に対する応答であるから，「軽食を少し持ってくるように念を押す」と言う B にとって意外な内容でなければならない。以上から，食べ物ではなく「飲み物とカップと氷」を指示するウが適当である。

3．エ．「今年の（写真）は去年のよりもよい写真になる」が正解。空所

3と次のAの発言は，その前のAの発言からわかるように team picture
「チームの集合写真」が話題となっている。空所3を受けてのAの but
everyone looked so miserable … から，「去年の写真よりもよい写真を期
待する」という意味のエを正解とする。

〔B〕レストランのアルバイト店員と思われるAがその上司に，閉店前に
行う作業の指示を受けている。

4．エ．「塩入れと胡椒入れの中身をすべて補充しておかないといけない」
が正解。空所4に対してAは，Are they in the dining room or did
someone bring them back to the kitchen? と応答している。したがって，
ここにある they が指す名詞が空所4になければならない。これを選択肢
から探ると，they（ダイニングルームにあって，キッチンに戻す物）と
して適当な物はエにある the salt and pepper shakers 以外には考えられ
ない。ウの distributor は「販売業者」，confirm は「確認する」，delivery
は「配達」の意味。

5．イ．「仕事しながら，音楽を聞いてもいいですか？」が正解。空所5
に対して，BはNo problemと応えてから，just keep it low と応答して
いる。この it が指すものが空所5中になければならない。それを求めて
選択肢を探ると，単数名詞としては，イの music とウの coffee が該当す
る。music は just keep it low「ただ音量を下げておいてくれ」と整合す
るが coffee は整合しない。

6．イ．「夜，ドアに施錠する直前にする」が正解。空所6までのところ
で，Aはナプキンの約半数を二階に運ぶように言われ，運ぶ場所を the
waiters' area「サービススタッフのエリア（客席用の備品などが置いてあ
る所）」と指示されている。これに対してAが I've got it.「わかりました」
と応えた後に空所6がある。この空所6に対して，BはCan you do it
before then? と応答している。この it と then の参照先を確認しながら選
択肢を探る。するとイ・ウ・エに it があり，これらは同じものを指して
いると考えられる。参照先は空所6の前のBの発言，they（＝about half
of the napkins）go in the waiters' area, next to the menus とするのが
妥当である。この3つの選択肢の中から then の参照先を探すと，イの
right before we lock the doors for the night となる。アは空所6の前の
Bの発言内容を復唱することになり，前の会話とはつながらなくもないが，

続くＢの発言にある then の参照先がないので不適切である。

Ⅱ　**解答**　7 —オ　8 —キ　9 —ク　10 —ウ　11 —エ　12 —イ

━━━━━━◆全　訳◆━━━━━━━━━━━━━━━━

≪運動と認知機能の相互関係≫

　運動と神経学的健康の相互関係が研究によって明らかにされている。このような研究の中には，定期的な運動が脳由来神経栄養因子（BDNF）のレベルを上げることによって，高齢者の認知症を予防すること，少なくとも先延ばしできることを検証しているものもある。BDNF の主な機能は，脳細胞の寿命を伸ばす，すなわち認知機能の向上を確かなものにすることにあるようだ。さらに，研究によって，脳の血流レベルの維持と，集中力に関わる脳のある部分の神経活動の増加をもたらすことがわかっている。その結果，活発な高齢者は身体をほとんど動かさない同年齢者よりも認知記憶テストの結果がよいようである。

　しかしながら，定期的な運動計画が神経学的恩恵を受けるのは高齢者だけではない。12 週間のジョギングプログラムを実行した若年層を対象とした研究においても好ましい相互関係が示されたのである。このグループは，ランニングプログラムをやめたときと比較して，認知テストでかなりの好成績を収めた。この原因を，運動の結果である脳への酸素流入レベルの増加に帰する科学者もいる。この増加が若年層の記憶形成を助けるのである。

━━━━━━◀解　説▶━━━━━━━━━━━━━━━━

7．オ．postpone を正解として，prevent or at least postpone dementia で「認知症を予防するか，少なくとも発症を遅らせる」とする。postpone は，通常「延期する，後回しにする」の意味であるが，そこから，ここでは「（認知症の発症を）遅らせる」の意味となる。空所 7 は at least の割り込みを受けているが，文法上はその前の or から続いている。したがって，ここは，or の前の prevent「予防する」とつながっていることになる。この prevent は can の後の動詞原形であるから，空所 7 も動詞原形がくると考えるのが妥当である。これに該当するのは，ウの enjoy，オの postpone，キの survive である。at least「少なくとも」の修飾を受

けていることを考えると「prevent『(認知症を)予防する』するまでは
いかないが」と考えて意味的につながる選択肢を選ぶと，オの postpone
となる。

8．キ．survive「生き残る，生き延びる」が正解。空所 8 は動名詞
helping の目的格補語となっている。動詞 help は目的格補語として原形不
定詞をとる。よって該当するのは，ウの enjoy，オの postpone，キの
survive である。空所 8 は目的語をとっていないので，自動詞であるキの
survive を正解として，brain cells survive longer で，「脳細胞がより長
く生き延びる」，すなわち「脳細胞の寿命を伸ばす」とする。

9．ク．sustained「維持された，持続させられた」が正解。空所は直後
の levels (of cerebral blood flow)を修飾している。その機能を果たす選
択肢は，アの caused，イの compared，エの following，カの putting，ク
の sustained である。また，意味的に考えると，空所 9 の文は，運動がも
たらす好結果について記述している。その好結果が（　9　）levels of
cerebral blood flow and … である。以上から，クの sustained を選んで，
sustained levels of cerebral blood flow で「維持された脳の血流レベル」，
すなわちの「脳の血流レベルの維持」とする。

10．ウ．enjoy が正解。空所 10 は助動詞 can の直後にきているので，動
詞原形とするのが妥当である。また，直後に the neurological benefits of
… の名詞句が続いているので，他動詞とする。これに該当し，目的語と
して benefits「恩恵」をとるのにふさわしいのは「享受する」の意味であ
る，ウの enjoy である。

11．エ．following が正解。空所 11 は直前の young adults を修飾してい
る。したがって，語群から判断して現在分詞か過去分詞だと考えられる。
また直後の a 12-week program of … は空所 11 の目的語と考えられる。
以上から，program を目的語として「プログラムに従う」の意味で用い
られる follow の現在分詞であるエが正解となる。

12．イ．compared が正解。空所 12 の文は，主語を The group，動詞を
performed とする S V の構文である。空所 12 直前の while exercising は
while they（＝the group）were exercising のように補う。すると，選択
肢から考えて，空所 12 以下は分詞構文とするのが妥当である。分詞の意
味上の主語は，文の主語と同一であること，空所 12 直後に前置詞の to が

きていることを合わせてイの compared を正解とし，compared to when they stopped their running program で「ランニングプログラムをやめたときと比較して」とする。

Ⅲ　解答　13—イ　14—ウ　15—ア　16—ウ　17—イ　18—ア
　　　　　　19—ア　20—ア

◀解　説▶

13.「彼は親切にも電車で年配の女性に座席を譲った」

イ．considerate「親切な」が正解。空所は，不定詞をともなって「〜にも…する，…するほど〜な」の意味を表す enough to *do* の修飾を受けている。また，直前の be 動詞 was の補語であるから，形容詞となるのが適切である。

14.「コンピュータはまだ数台あると思っていたけれど，実際は，この部屋には使えるものは 1 台もなかった」

ウ．none が正解。この none は no computer を言い換えたものである。空所のある節は前の節と逆接の接続詞 but でつながれている。したがって，but の節は「（コンピュータは）1 台もなかった」の意味を表すと考えられる。available は「（物が）利用できる」の意味の形容詞。

15.「クリスティは宿題のほとんどを自分で終えたが，全部やったわけではない」

ア．it が正解。接続詞 but の前後で most (of the assignment) と all が対照となっていること，空所の節が not と all で部分否定になっていること，この 2 点に注目する。そこから but 以下は「全部をやったわけではない」の意味となることが推測される。したがって，空所には the assignment を指す代名詞が適当である。assignment は「宿題」の意味の不可算名詞。ウ．the assignment が紛らわしいが，代名詞で言い換えない場合は，do all the assignment となるのが正しい。

16.「最初は難しく見えるものも後になって実はやさしかったとわかるだろう」

ウ．what が正解。空所以下文尾までの節が空所直前の述語動詞 may find の目的語となっている。空所直後に appears と述語動詞がきていることから，この空所は appears の主語となっていることがわかる。またこの

名詞節中には，turns の述語動詞もある。したがって，空所は接続詞の働きをもしていることがわかる。以上から，先行詞を含む関係代名詞の what が正解となる。turn out to be 〜「結局は〜であるということがわかる」

17.「飛行機は，後部座席がもっとも安全だという考えには，統計的には限られたデータしかない」

イ．safest が正解。空所は直前の would be の補語である。したがって，選択肢から考えて「〜は安全だ」となる形容詞が適当で，イの safest とエの the safer が正解の候補となる。比較級の前の the は，「それだけ，ますます」の意味を持ち，後に the と呼応する理由を表す for 句や because 節を伴う。したがって，ここでは不適切である。The idea の後の that … a plane は，the idea の同格節となる名詞節である。

18.「突然，何か大きな物が家の屋根に落ちる音が聞こえた」

ア．heard が正解。選択肢から，空所は「聞こえた」または「見えた」の意味の動詞の過去分詞がくると考えられる。「私たちの屋根に落ちた」のであるから「聞こえた」となるのが適当である。問題文は，現在分詞の falling 句を目的格補語とする SVOC 構文の受動態である。イの listen to，ウの look at ともに目的格補語に現在分詞をとることがあるが，受動態では用いない。以上から hear の過去分詞であるアが正解となる。

19.「当局は，個人データが漏れたという事実を国民から隠した」

ア．that が正解。空所は，that 以下の節の述語動詞が「漏らす」の意味の動詞 leak の受動態となっており，文の要素は完結している。したがって，空所は関係代名詞ではなく接続詞となるのが正しい。前の the fact の同格節を導く接続詞となる that が適当である。conceal「隠す」

20.「人間の活動は，あまりにも多くの壊れた衛星や機械の破片を地球の軌道に放置してきた」

ア．discarded が正解。discard は「捨てる」の意味の他動詞。問題の文は動詞 leave が SVOC の構文をとっていて「OをCの状態のままにしておく」の意味で用いられている。OとCには主述関係が成り立つので，ここでは，「too many dead satellites and fragments of machinery は discard される」と受け身の関係になる。したがって，過去分詞となるのが正しい。fragment「破片」

Ⅳ　解答　21－イ　22－イ　23－エ　24－イ

━━━━━━━◀解　説▶━━━━━━━

21.「彼らは，肉の輸入に関する条件を定めた」

イ．They have established the conditions regarding the importation of meat. が正解。問題文の set down ～ は，「～を取り決める，～を定める」の意味の他動詞句，concerning は「～に関して」の意味の前置詞で about と同義である。ここでは，set down の言い換えが求められている。イの establish がそれに当たる。また concerning が regarding に言い換えられている。ウの revise は「改訂する」の意味である。

22.「科学者たちは，彼らの学説が正当であることを証明するのに苦労した」

イ．The scientists spent lots of time and effort in showing their theory is valid. が正解。「苦労して～する，～するのに骨を折る」の意味の take pains to do の言い換えが求められている。イの spend lots of time and effort in doing がそれである。エは「（人に）むりやり～させる」の意味の force A to do が受動態で用いられている。

23.「校舎を建て替えるという計画は委員会によって却下された」

エ．The project to renovate the school building was rejected by the board. が正解。「却下する」の意味の他動詞句 turn down の言い換えが求められている。エの reject がそれに当たる。the board は，ここでは「委員会」の意味。renovate「革新する，（古い建物などを）改修する」

24.「市長は，質問に即席で答えたように見えた」

イ．It appeared the mayor had answered the questions without any preparation. が正解。「即席で，その場で」の意味のイディオム off the cuff の理解が問われている。イの without any preparation がその言い換えとなっている。アとイでの appear は it を主語とし that 節を伴う構文となっている。また，問題の文とウ・エでは S＋appear＋to 不定詞「S は～のようだ」という構文が用いられている。両者の書き換えが可能である。

V 解答 25―ア　26―ア　27―ウ　28―ウ　29―ア

━━━━━━ ◀解　説▶ ━━━━━━

25. (a)「何かが真実であるとか誰か他の人が正しいといやいや認めること」

unwillingly「いやいや，しぶしぶ」

(b)「私たちも彼女の考えは理にかなっていないと認めざるをえない」

unreasonable「不合理な」

ア．admit「認める」が正解。イ．disclose「暴露する，あばく」　ウ．object「反対する」　エ．protest「抗議する」

26. (a)「穏やかで親切または注意深い態度」

(b)「そのネコの体にやさしく触れると，ネコはうれしそうに体を伸ばした」

stretch「(手足などを) 伸ばす」

ア．gently「やさしく」が正解。イ．intentionally「故意に」　ウ．prudently「慎重に」　エ．terribly「ひどく」

27. (a)「何かの価値，大きさ，あるいは費用を正確な測定によってではなく判断しようとすること」

(b)「彼らは，オフィスビルを建てるのに先だって費用を見積もる必要があった」

prior to ～「～に先立って」　construct「建設する」　complex「(名) 総合ビル」

ウ．estimate「見積もる，推定する」が正解。ア．accumulate「蓄積する」　イ．derive「引き出す」　エ．penalize「罰する，～に有罪を宣告する」

28. (a)「仕事，あるいは職業」

(b)「健康に加えて，教育や前職などの要素が応募において考慮されます」

application「出願，応募」

ウ．occupation「職業」が正解。ア．endeavor「努力」　イ．income「収入」　エ．reference「参考，参照」

29. (a)「犯罪の責任があると判明すること」

(b)「その男は，証拠不十分のため無罪の判決を受けた」

ア．guilty「有罪の」が正解。be found not guilty は「無罪の判決を受ける」の意味の慣用句。イ．innocent「無罪の」　ウ．pitiful「哀れな」　エ．shameful「恥ずべき」

VI 解答　30―ア　31―イ　32―カ　33―オ　34―オ　35―カ　36―ウ　37―オ

◀解　説▶

30・31. It was <u>because</u> he <u>got</u> promoted (to manager that he proposed to her yesterday.)

文の後半に that 節があることから，強調構文であることを見抜く。強調される（it was と that に挟まれる）のは because 節である。「昇格した」は，語群から判断して，promote「（人を）を昇進させる」が受動態で用いられると考える。be promoted to の be 動詞に代わるものとして，イの got を選び got promoted to と考える。

32・33. (You could have done the assignment just) like you <u>were told</u> if you had <u>wanted to</u>.

「君が望めば」と「言われた通り」の 2 つの部分に分けて考える。次にどちらを先に書くかを判断する。空所の前に just があるところから just as ～ と考えて「言われた通り」が先と判断できるが，語群には接続詞 as がないので，語群から as の代わりにイの like を接続詞として用いると判断する（ここで「望む」はイの like ではなく，オの wanted to を用いることがわかる）。like 節の主語は you であるが，「言われた」がカの were told になるので，エの you had ではなくウの you を用いる。すると残った語群から you had wanted to の連結が得られる。

34・35. (Some take no) <u>thought of</u> the value of money <u>until</u> they have used it (up.)

「～して初めて…する」には「否定文＋until ～」の構文を用いることを与えられた和文から判断できなければならない。書き出しが it is / was になっていないので，よく用いられる It is / was not until ～ that … の強調構文ではないと判断できる。否定文は no で作られることがわかっているので，no の後に続く語を考える。語群から名詞を探るとオの thought of しか該当するものがない。したがって，thought of ～ は名詞句として用い

られることになる。すると後に続くウの the value of money は容易に得られる。またその後に続く until 節も容易であろう。

36・37.（The　scholar）made　<u>it</u>　clear　that　<u>the　research</u>　deserved（mentioning.）

まず前提として，「言及する」が文尾の mentioning であることがわかっていなければならない。「値する」には worth が思い浮かぶかもしれないが，語群から「（事・行為などが賞罰感謝などに）値する」の意味の動詞 deserve の過去形である，イの deserved となることを理解する。「明言した」は「明らかにする」と考えて make it clear that ～ の慣用句を過去形で用いる。

Ⅶ　解答
問 1．イ　問 2．イ　問 3．イ　問 4．ウ　問 5．ウ
問 6．エ　問 7．エ・キ（順不同）

◆◆全　訳◆◆

≪「適正技術」とは？──先進国の場合，途上国の場合≫

「適正技術（appropriate technology）」という用語を最初に使ったのは E.F. シューマッハーで，1970 年代の著作である『スモール・イズ・ビューティフル』の中でのことであった。この本は，彼自身の哲学である技術的進歩の哲学を推し進めることになった。技術から始めて技術が人に対して何ができるのかを見てはいけない，と彼は論じた。そうではなくて，「人が何をしているのかを知り，人がそれをよりよく行えるよう助けよう」である。シューマッハーによれば，技術的な解決が単純なものか手の込んだものであるかは重要ではない。重要なのは，その解決が，長期的で実用的で，それを使う人間の手中にあることだ。

であるから，「適正技術」は使用者の必要と能力に合わせるものであり，環境や費用を考慮に入れるものである。この理由から，これは発展途上国の農村社会においてよく見られるものとなる。その例の中には，電気のない地域に光をもたらす太陽光発電の灯りや，ワラで吸うだけで使える浄水器が含まれる。しかし，適正技術の原則は発展途上国だけに適用されるものではない。

それは，先進国社会においてもしかるべき位置を占めている。たとえば，スウェーデン国営企業のヤーンヒューセンは，毎日ストックホルム中央駅

を急いで通過する 250,000 人の人体が発するエネルギーを利用する方法を発見した。その体熱がビルの換気システムに取り込まれ，温水を作るために使われる。そこで作られた温水がパイプで送られ，近隣の新しいオフィスビルを暖めるのである。それは古い技術——パイプ，水，ポンプからなるシステム——だが，新しいやり方で使われるのである。この技術が，オフィスビルのセントラルヒーティングにかかる費用を 20 パーセントも削減すると期待されている。

　最後に，適正技術は文化的に適正である必要がある。言い換えれば，人びとの習慣や社会的慣習に溶け込む必要がある。これは，グアテマラの村の女性を助けるために開発されたトウモロコシの皮むきに使う道具の場合のように，必ずしも保証されているわけではない。村を訪れていたエンジニアたちは，女性が手作業でトウモロコシの皮をむく作業が労働集約型で時間がかかるのを観察した。それで，その作業をもっと早くできるように簡単な機械仕掛けの道具を考案した。この新しい道具は確かに時間の節約になった。しかし，2，3 週間すると，女性たちはもとの手作業に戻ってしまった。なぜか？　手作業による皮むきの時間を楽しんでいたからだ。彼女たちにとっておしゃべりをし，ニュースを交換し合う時間となっていたのだ。

■■■■■■■◀解　説▶■■■■■■■

問1．イ．「技術的な解決がたとえ手の込んだものでなくても，人が現に行っていることを行うのに役立つべきである，とシューマッハーは感じていた」が，第 1 段第 3 文（Instead, "find out …）に一致。ア．「シューマッハーによれば，第一歩は，既存の技術が人の役に立ちうる方法を調べてみることである」は，選択肢を読むかぎりでは紛らわしく感じられるが，第 1 段第 2 文に Do not start with technology and see what it can do for people とある。この文と次の第 3 文によれば，「技術から出発するのではなく，まず人が何をしているのか」が重要である。したがって，本文と不一致。

問2．イ．「問題を解決するためにとられた手段」が正解。下線部⑶⑼の they が受けている名詞は，前にさかのぼって直前の行の複数形名詞である the technological solutions「技術的な解決（策）」である。イで用いられている measure は，複数形で用いられて「手段，対策」の意味である

から，この選択肢を正解の候補として検討すればよい。他の選択肢の中心
となる語は，アが arms「武器」，ウが people「人びと」，エが problems
「問題」であるから，下線部(39)が指す technological solutions とはかけ離
れている。

問3．イ．「適正技術という原則を用いるに際して，その技術の使用者の
技術レベルは無視しえない」が本文と一致。第2段第1文に So,
"appropriate technology" suits the needs and abilities of the user「『適
正技術』は使用者の必要と能力に適合するものである」とあるのに一致し
ている。本文の user が選択肢では operator に，suit「～に適合する，ふ
さわしい」が cannot be ignored「無視できない」に言い換えられている。

問4．ウ．「スウェーデンのある駅では，人の体熱によって発電された電
力が供給されるビルの暖房費は20パーセントも削減されることが期待さ
れている」が第3段に一致。第3段には，先進国における「適正技術」の
応用例が提示されていて，スウェーデンのストックホルム駅での発電の例
が書かれている。第3文（Their body heat …）では，ストックホルム駅
の利用客の体熱を利用したセントラルヒーティングシステムが紹介され，
最終文（And it is …）で，その経費削減効果について「20パーセントが
期待されている」とある。power「（動）電力を供給する」　アは，not far
from the Stockholm train station とあるのが Stockholm's central train
station のまちがい（第2文：For example, …）。イは，train passengers
が「ストックホルム駅の利用客」のまちがい（同文）。エは，has never
been used before とあるのがまちがいで，第4文に，It's old technology
―a system of pipes, water, and pumps―but used in a new way. とあ
る。

問5．ウ．「スウェーデンの企業が古い技術を利用することによって開発
した新しいシステム」が正解．下線部(42)の it は，直前の文（It's old
technology …）の主語の it と同じものを指している。これらの it は状況
の it と呼ばれる使い方で，直接的，明示的にではなく，漠然とすでに述
べられた事柄を指している。ここではスウェーデンのストックホルム駅に
おける「適正技術」の例である人体の熱を利用した暖房システムを指して
いる。

問6．エ．「グアテマラの村の女性に提示された新しい道具は，彼女たち

の仕事を完了する妨げとなった」が本文と不一致。この「道具」を使用した結果は，第 4 段第 6 文（The new device …）以降に書かれている。その道具が「仕事を完了する妨げとなった」のではなく，能率的に作業ができるようになったために，「手作業による皮むきを楽しむ（最終文：Because they enjoyed …）」時間がなくなったからである。get *A done*「*A*（物・事）を完了する」

問 7．エ．「適正技術の例は，電力のない生活をしている人たちに照明器具を提供した」が本文に一致。この照明器具については，第 2 段に記述がある。発展途上国での「適正技術」の例として，第 3 文に Examples include solar-powered lamps that bring light to areas with no electricity とあるのに一致している。provide *A* with *B*「*A*（人）に *B*（物）を提供する」

キ．「グアテマラの村の女性はトウモロコシの皮をむく間に，時間を節約するよりも互いに交流することを好んだ」が本文に一致。グアテマラの村での「適正技術」については第 4 段に書かれている。トウモロコシの皮をむく道具が導入されたが定着しなかった（第 6 文：The new device …）。その理由が最終文（Because they enjoyed …）に書かれている。そこの enjoy と chat and exchange news with each other が選択肢では prefer と interacting with one another に言い換えられている。prefer *A* to *B*「*B* よりも *A* を好む」　interact with 〜「〜と交流する」

アは，not yet been made public to the world とあるのが，第 1 段第 1 文に which promoted his own philosophy of technological progress とあるのに不一致。*Small is Beautiful* が「彼の進歩の哲学を推し進めた」ということは，彼の「適正技術」は「公になっていた」と考えられる。イは，第 1 段第 4 文（According to Schumacher, …）に did not matter whether the technological solutions were simple or sophisticated とあるのに不一致。ウは，disregards both environmental and budgetary issues とあるのが，第 2 段第 1 文に and also takes into account とあるのに不一致。disregard「無視する」　take *A* into account「*A* を考慮に入れる」　ここでは *A* は，environmental and cost considerations である。オは，straws cannot be used to purify water とあるのが，第 2 段第 3 文（Examples include solar-powered …）に water purifiers that work by

simply sucking through a straw とあるのに不一致。purify「浄化する」
suck「吸う」　カは，a successful application of appropriate technology
とあるのが，第 4 段第 6 文（The new device …）に the women
returned to the old manual method とあるのに不一致。

２月13日実施分　　問　題

（60 分）

Ⅰ　次の対話文の空所に入れるのに最も適当なものを，それぞれア～エから一つ選べ。

〔A〕

A：Hello, John. It's been a while. How's your homestay going now?

B：Hello, Mr. Yates. Yes, almost a third of my year-long homestay has finished, and this is only our second meeting.

A：Are you OK? You don't look your normal self.

B：Um.　＿＿＿1＿＿＿

A：That's not like you. Is there something troubling you?

B：I did well on my exams, but my host family's too busy to take me anywhere, even out to eat.

A：Oh, that's a shame. I'm sure they're nice people, though.

B：Yes, they are. But Jane who came at the same time as me is so lucky. Her host family　＿＿＿2＿＿＿.

A：They must have more time than yours. Anyway, I don't think it's very helpful to be comparing host families.

B：Maybe not. My family always tries hard to talk to me and makes me laugh.

A：They sound really kind, and you must have had some good times with them.

B：Well, yes. My host mother makes us the best breakfast most mornings. She used to be a chef in a hotel and　＿＿＿3＿＿＿.

A：You're lucky. Try to be more positive. I'd like to be introduced to her.

1. ア. I don't have time to study as I'm always out with my host family.

   イ. I feel like my host family ignores me all the time.

   ウ. I really need to improve my test scores.

   エ. I've been feeling a bit down for a few days now.

2. ア. always brings her to lots of wonderful sightseeing places

   イ. helped her move into her new studio apartment last week

   ウ. often lets her cook for herself on the weekends

   エ. took her on a trip every season over the past year

3. ア. she made me a special breakfast for Christmas and my birthday in June

   イ. she mentioned that she spoke with you at the hotel a few times

   ウ. takes us to that hotel to eat most weekends and holidays

   エ. was in charge of everything up to and including lunch

〔B〕

A: Good afternoon. Family Foods Supermarket. Thank you for calling.

B: Hi, my grandmother recently moved into your local area and _____4_____ .

A: Yes, it runs seven days a week, and accepts orders by phone or online.

B: She's good with computers, so I think she'll be ordering online.

A: Online orders are always eligible for free delivery if you _____5_____ , and live within 10 kilometers.

B: That should be no problem, as she wants to make a large online order about every fourteen days. Is there a deadline for next-day delivery?

A：Yes, the order must be made by noon the previous day.

B：That seems reasonable. Is it possible to choose a delivery time? She has tennis school every morning until noon.

A：We can't guarantee an exact time, but you can choose a preferred time between 9 a.m. and 8 p.m.

B：OK. Are deliveries usually on time?

A：We promise to deliver within 30 minutes of your preferred time.

B：That'll be really convenient for her. I'm sure she'll order a few days in advance and _____6_____ .

A：That's good, as we'll need her to be home to sign for it. We're looking forward to her first order.

4．ア．I want to take home some info about your current offers

　　イ．I'd like to know your daily store opening hours

　　ウ．she was wondering if you had a delivery service

　　エ．wanted to know if you have a weekly sale

5．ア．make an order for more than 50 dollars' worth of goods

　　イ．place a recurring order for the same items every week

　　ウ．sign for them in person at the customer service counter

　　エ．take your order home in your own reusable bag

6．ア．be happy to be home as she's gotten used to your delivery service

　　イ．could wait around before noon for the delivery to come

　　ウ．make a time to accept the order on the same day every week

　　エ．plan the rest of her afternoon around your delivery time

Ⅱ　次の英文の空所に入れるのに最も適当な語を，ア～クから選べ。ただし，同じものを繰り返し用いてはならない。

　　　Getting paid for playing video games seems like a dream career for many of today's teenagers. But is it all fun and games?

　　　Pro gaming is certainly big (　7　). In 2015, there were more than 3,000 gaming tournaments and over 10,000 professional players worldwide. Many tournaments (　8　) huge online audiences, and successful gamers can earn millions of dollars from prize money and advertisements. The industry is clearly thriving.

　　　Becoming a professional is not (　9　) about being good at playing games — it also takes a lot of hard work. Some pro gamers practice for 14 hours a day. "You need to (　10　) pretty much your whole life to it," says ex-gamer George "HotshotGG" Georgallidis.

　　　It can be a difficult job as well. Stress is a big (　11　) for gamers. Fatigue is another, and injuries are common. Top player Hai Lam (　12　) wrist problems after years of pro gaming. Careers are short, and many gamers retire before they are 30 and struggle to find another job.

ア．appeal	イ．attract	ウ．business	エ．dedicate
オ．issue	カ．just	キ．suffered	ク．yet

出典追記：Keynote 1 by David Bohlke, Cengage Learning

Ⅲ　次の各英文の空所に入れるのに最も適当な語句を，ア～エから一つ選べ。

13. Although he had lots of time to prepare, we did not expect (　　　) the work in time.
　ア．he finished 　　　　　　　イ．he is finishing
　ウ．him finish 　　　　　　　　エ．him to finish

14. The task I was given by my teacher was not easy, but I feel it (　　　) it.
　ア．be worth 　　　　　　　　イ．be worthwhile
　ウ．was worth 　　　　　　　　エ．was worthwhile

15. My physical education teacher is the (　　　) person who would tell a lie.
　ア．last 　　　イ．least 　　　ウ．less 　　　エ．lesser

16. It is required that your signature (　　　) at the bottom of this form.
　ア．be placed 　　イ．place 　　ウ．placing 　　エ．will place

17. We might win the game today, (　　　) case, can we eat out at a nice restaurant?
　ア．by then 　　イ．for that 　　ウ．in which 　　エ．on what

18. If the problem (　　　), please do not hesitate to seek assistance from our technical team.
　ア．is persisted 　　イ．persisting 　　ウ．persists 　　エ．was persisted

19. Thanks to the strong efforts of the marketing staff, our annual profit has increased (　　　) seven percent.
　ア．by 　　　イ．for 　　　ウ．up 　　　エ．with

20. The doctor said she wanted to keep the patient in the hospital for a few days (　　　) she could run some tests.

　　ア. for that　　　　イ. in that　　　　ウ. so that　　　　エ. that is

Ⅳ　次の各英文の意味に最も近いものを，ア〜エから一つ選べ。

21. The students were reminded to turn in their assignments in time.

　　ア. The students were asked to exchange their assignments in time.

　　イ. The students were asked to review their assignments in time.

　　ウ. The students were told to submit their assignments by the deadline.

　　エ. The students were told to take home their assignments by the deadline.

22. The new reforms were pushed through despite public opposition.

　　ア. The new reforms were forgotten even though the public opposed.

　　イ. The new reforms were passed even though the public did not agree.

　　ウ. The people did not like it, but the new reforms were discussed.

　　エ. The people did not like it, but the new reforms were further adjusted.

23. The Prime Minister personally came to see off the troops.

　　ア. To encourage the troops, the Prime Minister went himself.

　　イ. To inspect the troops, the Prime Minister went himself.

　　ウ. The Prime Minister personally came to look at the soldiers.

　　エ. The Prime Minister personally came to say farewell to the soldiers.

24. The board of directors gave in to employees' demands for annual pay increases.

　　ア. The board of directors refused the workers' demands for annual pay increases.

　イ．The board of directors yielded to the workers' requests for yearly pay rises.

　ウ．The employees' demands for annual pay increases were delayed by the board of directors.

　エ．The employees' requests for yearly pay rises were revised by the board of directors.

Ⅴ　次の(a)に示される意味を持ち，かつ(b)の英文の空所に入れるのに最も適した語を，それぞれア〜エから一つ選べ。

25. (a) offensive or unpleasant
　(b) She quickly tried to shake the (　　　) thoughts from her head.
　　　ア．amusing　　　　　　　　　イ．hopeless
　　　ウ．spontaneous　　　　　　　エ．ugly

26. (a) the process of producing goods in large numbers in factories
　(b) Steel and aluminum are used in the (　　　) of cars and computers.
　　　ア．creation　　イ．design　　ウ．innovation　　エ．manufacture

27. (a) a group sharing the same culture, language, and history that often lives together
　(b) The (　　　) had a system of seniority, where the elders had higher status.
　　　ア．company　　イ．province　　ウ．regime　　エ．tribe

28. (a) to treat with excessive care and attention
　(b) After a hard day at work, she (　　　) herself by going to a health spa.
　　　ア．exerts　　イ．spoils　　ウ．supplies　　エ．tempts

29. （ a ）to announce something in an official or public way

　　（ b ）The city government is going to （　　　）a state of emergency.

　　　　ア．claim　　　　イ．contend　　　ウ．declare　　　エ．emphasize

Ⅵ　次の ［A］〜［D］の日本文に合うように，空所にそれぞれア〜カの適当な語句を
　　入れ，英文を完成させよ。解答は番号で指定された空所に入れるもののみをマーク
　　せよ。

　［A］　神話は，事物がいかにして今のような形になったかについて説明する物語を
　　　　提供する。

　　　　Myths　provide　narratives　that　explain （　　　）（　30　）（　　　）
　　　　（　31　）（　　　）（　　　）as they are now.

　　　　　　ア．be　　　　　　　イ．come　　　　　　ウ．have
　　　　　　エ．how　　　　　　オ．things　　　　　カ．to

　［B］　私たちの仕事の唯一の目的は金を稼ぐことだというあなたの意見には同意し
　　　　ません。

　　　　I　do　not　agree　with　your　opinion　that （　32　）（　　　）（　　　）
　　　　（　　　）（　33　）（　　　）to make money.

　　　　　　ア．goal　　　　　　イ．is　　　　　　　ウ．of
　　　　　　エ．our　　　　　　オ．the only　　　　カ．work

　［C］　村はまるで誰もいないかのように奇妙に静まりかえったままだった。

　　　　The　village　remained　strangely （　34　）（　　　）（　　　）（　35　）
　　　　（　　　）（　　　）.

　　　　　　ア．as　　　　　　　イ．if　　　　　　　ウ．nobody present
　　　　　　エ．silent　　　　　オ．there　　　　　カ．were

　［D］　よい人脈を持っているというだけで彼らが私の仕事を評価しているというこ
　　　　とは，私にはどうでもよいことです。

It means (　36　)(　　)(　　)(　37　)(　　)(　　) my work
only for my good connections.

　　ア．me　　　　　イ．nothing　　　　ウ．that
　　エ．they　　　　オ．to　　　　　　　カ．value

Ⅶ　次の英文を読み，あとの問いに答えよ。

　　Malaria is a disease that is common throughout tropical and sub-
tropical areas of the world. It occurs in a wide band around the equator
which includes sub-Saharan Africa, Asia and Central and South America.
While malaria has been in existence for 50,000 to 100,000 years, the
origin of the disease in humans is associated with the development of
farming about 10,000 years ago when humans first formed settlements.
The disease is mentioned at the beginning of recorded history, for
example in 2,700 BC in China, and in the Roman Empire.

　　The name malaria was made from two old words: mal meaning bad
and aria meaning air. However, malaria is more associated with water
than air because it is carried by mosquitoes which breed on the surface
of water. When an infected female mosquito bites a person or an
animal, malaria is introduced into the blood. It then travels throughout
the body where it matures and begins to reproduce. About eight days
after infection, the symptoms of high temperature and headache begin.
The typical malaria symptoms are sudden coldness and shaking followed
by very high temperatures and sweating over a two-day cycle.

　　There are medicines to treat malaria, and if these are taken early,
they are effective in nonsevere cases and the patient can expect a
complete recovery. Without treatment and in very severe cases, malaria
is often fatal. The World Health Organisation estimated that there were
approximately 220 million cases of malaria, and 650,000 deaths in 2010.
This means about 2,000 people die of the disease every day. Other

studies have found that the disease is even more common. The majority
of these fatalities (65%) occur in children under the age of 15, and 90%
of the cases occur in Africa.

The fight against malaria has three main fronts. First, the use of
(42)
chemicals to get rid of the breeding grounds of the mosquitoes and
increased use of screens and nets to keep the mosquitoes away from
their victims. Second, the use of drugs to control the disease in infected
people. The third strategy is the development of a medicine to protect
people from getting the disease in the first place. While there is no such
medicine yet, there are medicines that people can take which prevent
the mosquito poison from having any effect. Malaria no longer occurs in
many areas of the world where it was once common.

問 1 本文の第 1 段落の内容に合うものとして最も適当なものを，ア～エから一
つ選べ。(38)

　　ア. Malaria affects people living in tropical but not those in sub-
tropical areas.

　　イ. One of the first places where malaria was found in the
historical record was 2,700 years ago in China.

　　ウ. The beginning of malaria in humans is connected to the growth
of agriculture.

　　エ. The origin of malaria in people began between 50,000 and
100,000 years ago.

問 2 本文の第 2 段落の内容に合わないものを，ア～エから一つ選べ。(39)

　　ア. An infected female mosquito does not transmit malaria to
animals.

　　イ. Malaria is more related to water than the meaning of its name
suggests.

　　ウ. Mosquitoes breed on water but transfer the disease when they
bite.

出典追記：Speed Readings for ESL Learners 3000 BNC by Sonia Millett, Victoria University of Wellington

エ. The first signs of having malaria are often a headache and a fever.

問 3 下線部(40)の内容として最も適当なものを，ア～エから一つ選べ。

ア. Further investigations have discovered that malaria is not as prevalent as suggested.

イ. More studies of malaria have revealed that it is the most common fatal disease in the world.

ウ. Other examinations have shown that the majority of malaria fatalities occur in adults.

エ. Separate research suggests that malaria is more widespread than the WHO reports.

問 4 本文の第 3 段落の内容に合うものとして最も適当なものを，ア～エから一つ選べ。(41)

ア. Data suggest that just a small number of people who caught malaria in 2010 survived the disease.

イ. Despite the lack of care, severe malaria seldom becomes fatal.

ウ. If taken soon, medicine can be successful in mild cases of malaria.

エ. More than half the fatalities from malaria occur in young adults over age of 15.

問 5 下線部(42)の内容の説明として最も適当なものを，ア～エから一つ選べ。

ア. Developing a drug to stop malaria infection, ensuring that mosquitoes cannot bite people, and controlling infected people.

イ. Keeping mosquitoes away from people, developing a medicine to stop infection, and controlling the disease in infected people.

ウ. Making a drug to block infection, reducing the severity of symptoms, and screening people regularly.

エ. Preventing contact with malaria, managing the effects, and developing mosquito poison.

問6　本文の第4段落の内容に合うものとして最も適当なものを，ア〜エから一つ選べ。(43)

ア．Chemicals are not under consideration for use to get rid of mosquito breeding grounds.

イ．Reducing contact between people and mosquitos is one way to combat malaria.

ウ．The use of nets should be reduced to help prevent people from catching malaria.

エ．There are no areas in the world where malaria has been successfully overcome.

問7　本文の内容と合わないものを，ア〜キから二つ選び，(44)と(45)に一つずつマークせよ。ただし，マークする記号（ア，イ，ウ，...）の順序は問わない。

ア．Malaria is found in warmer regions of the world, in countries that are on or near the equator.

イ．Malaria has been in existence from 10,000 years ago, when humans first formed settlements.

ウ．Around the time when humans started recording their history, some were writing about malaria.

エ．People with malaria often experience trembling and unexpected chills followed by a temperature and perspiration.

オ．After being introduced into the blood, malaria travels around the body and reproduces.

カ．According to the WHO report, for most people who became infected by malaria in 2010, it was not deadly.

キ．While sub-Saharan Africa has many cases of Malaria, the number of cases in Asia and Central and South America far exceeds this.

2月13日実施分　　　解　答

I　**解答**　〔A〕1ーエ　2ーア　3ーエ
　　　　　　〔B〕4ーウ　5ーア　6ーエ

◆全　訳◆

〔A〕≪ホームステイについての会話≫

A：やあ，ジョン。しばらくぶりだね。ホームステイは今どんな調子ですか？

B：こんにちは，イェイツ先生。はい，1年間のステイ期間のほぼ3分の1が終わりました。でもこれがまだ2回目の面談ですね。

A：だいじょうぶかい？　いつもの君じゃないみたいだが。

B：えーと，この2，3日，ちょっと落ち込んでいるんです。

A：君らしくないね。何か困ったことでもあるのかい？

B：試験はうまくいったのですが，ホストファミリーが忙しすぎて，どこにも連れていってもらえないんです。外食にも。

A：そうか，それは気の毒だね。まちがいなくいい人たちなんだけどね。

B：ええ，たしかに。でも，僕と同じ時にやってきたジェーンはとてもラッキーなんです。彼女のホストファミリーは，いつもすてきな観光地にいっぱい連れて行ってくれるんですよ。

A：彼女のホストファミリーは君のより時間がたっぷりあるんだよ。ともかく，ホストファミリーを比べてもあまりためになるとは言えないね。

B：たぶんそうですね。僕のホストファミリーは，いつもいっしょうけんめいに僕に話しかけようとしてくれますし，笑わせてくれます。

A：とても親切そうじゃないか。彼らのところできっと楽しい時もあったんでしょ。

B：ええ，そうです。ホストマザーは，たいてい毎朝，すばらしい朝ご飯を作ってくれます。彼女は昔，ホテルでシェフをしてたんです。それでランチまで，あらゆることを取り仕切っていたんです。

A：君はラッキーだよ。もっと前向きになりなさい。彼女に紹介してもらいたいもんだ。

〔B〕《スーパーマーケットへの配達サービスの問い合わせ》

A：こんにちは。ファミリー・フーズ・スーパーマーケットです。お電話ありがとうございます。

B：こんにちは。祖母が最近そちらの地区に引っ越したんです。それで，配達サービスをやっておられないかと思っていまして。

A：はい。年中無休でやっておりまして，電話とネットで注文を受け承っております。

B：祖母はコンピュータが得意なんです。だからネットで注文すると思います。

A：50ドル分以上の商品をご注文いただいて，10km以内のところにお住まいでしたら，ネットでのご注文は配達料無料となります。

B：それは問題ないはずです。祖母はだいたい2週間ごとに，ネットで大量の注文をしたがるんです。翌日配達の締め切りはありますか？

A：はい，前日の正午までの注文となっております。

B：なるほど。ごもっともですね。配達の時間を選ぶことはできるんですか？　祖母は，毎朝，お昼までテニススクールに通っているんです。

A：正確な時間は保証できかねますが，午前9時から午後の8時までのご希望の時間を選ぶことができます。

B：わかりました。配達はたいてい時間どおりですか？

A：ご希望の時間から30分以内の配達をお約束しております。

B：それは，祖母にはとても便利です。祖母は，きっと2，3日前もって注文しますから，配達時間前後は空けておいて，残りの午後の計画を立てるでしょう。

A：そうしていただけるとありがたいですね。家にいていただいて，サインをしていただきたいんです。最初の注文をお待ちしています。

■━━━━━◀解　説▶━━━━━■

〔A〕1年の予定でホームステイをしているBが，元気がない様子で，ホストファミリーについて，担当教官と思われるAに不満を言う。

1．エ．「この2，3日，ちょっと落ち込んでいるんです」が正解。空所1は直前のAの You don't look your normal self.「いつもの君じゃないみたいだ」に対する応答である。ここから，Bは何か問題を抱えていることが推測される。空所1の返答に対してAは Is there something troubling you? とその原因を訊ねているので，空所１では原因に具体的に触れていないことになる。したがって，具体的な原因を述べているア・イ・ウは不適当である。

２．ア.「彼女をいつもすてきな観光地にいっぱい連れて行ってくれるんです」が正解。同時期にホームステイにやってきたジェーンについての会話である。空所２の前の文が，But Jane who … と逆接でつながれている。これは，Ｂの３つ目の発言の but my host family's too busy to take me anywhere, even out to eat を受けたものである。したがって，これと対照的な内容となるアが正解である。空所２を受けてのＡの発言 They（= her host family）must have more time than yours. Anyway, … とも自然につながる。エ.「この１年間，彼女を季節ごとに旅行に連れていってくれた」が紛らわしいが，１つ目のＢの発言から，Ｂはホームステイの予定は１年でその３分の１が過ぎた，と言っている。したがって，over the past year「この１年の間に」とあるのは不適当である。

３．エ.「ランチまで，あらゆることを取り仕切っていた」が正解。空所３の文の前半の She used to be a chef in a hotel に，この選択肢がもっとも自然につながる。up to and including ～ は訳としては「～まで」でよいが，up to ～ は厳密には～は含まないので，このような言い方になる。ア.「クリスマスと６月の僕の誕生日には特別な朝ご飯を作ってくれた」Ｂは最初の発言で，「１年の滞在予定のほぼ３分の１が過ぎた」と言っている。６月の誕生日とクリスマスの間には約６カ月の間があるのでこの発言と合致しない。ウ.「毎週末と祝日にはそのホテルに食べに連れて行ってくれた」は，３つ目のＢの発言の but my host family's too busy to take me anywhere, even out to eat と不一致。

〔Ｂ〕スーパーマーケットに電話がかかっている。係員のＡが対応している。Ｂは祖母のために配達サービスについて問い合わせをしている。

４．ウ.「祖母がそちらは配達サービスをやっておられないかと思っています」が正解。空所４に対してＡは，it runs seven days a week, and accepts orders by phone or online と応答している。ここにある it が指すものを選択肢から探ると，ウの a delivery service とするのが適当である。エの a weekly sale では，応答の it runs seven days a week「年中無休でやっている」と矛盾する。

5．ア．「50 ドル分以上の商品の注文」が正解。この A の発言の前に B は she'll be ordering online とインターネットでの注文について訊ねている。A はそれを受けて free delivery「無料の配達」についての説明をしている。したがって，その条件となるアが適当である。イ．「同じ商品を毎週繰り返して注文する」が紛らわしいが，「無料配達」サービスの条件としてはアの方が適当である。place order「注文をする」　recur「繰り返す」

6．エ．「配達の時間前後（を除いた）の残りの午後の時間の計画を立てる」が正解。空所 6 までの会話で二人は，宅配の受け取り時間について確認している。空所 6 の発言は，A の We promise to deliver within 30 minutes of your preferred time.「ご希望の時間から 30 分以内の配達をお約束しております」に対する応答である。空所 6 は，「2，3 日前もって注文します」から続いている。また，この発言に対して A は，That's good と感謝してから，「家にいていただいて，サインをしていただきたい」と応答している。以上から，祖母が配達の時間に在宅していることを伝えるエが適当である。

II　解答　7 ―ウ　8 ―イ　9 ―カ　10―エ　11―オ　12―キ

◆全　訳◆

≪プロゲーマーの現実≫

　テレビゲームをすることに対して報酬が支払われるとは，多くの今日のティーンエイジャーには夢のように思われることである。しかし，それは愉快で楽しいことばかりなのだろうか？

　プロとしてのゲームは，確かに大きなビジネスである。2015 年には，世界で 3,000 を超えるゲームのトーナメントがあり，10,000 人以上のプロのプレーヤーがいた。多くのトーナメントがオンライン上で大観衆を集め，勝ち進んだゲーマーは賞金と広告で何百万ドルも稼ぐことができる。この産業は明らかに繁栄している。

　プロになることは，単にゲームがうまいだけのことではない――猛練習が必要でもある。プロの中には，1 日に 14 時間も練習するゲーマーもいる。「あなたの全人生のほとんどをこれに捧げなければならない」と元ゲーマーのジョージ＝ゲオルガリディス，別名「ホットショット GG」は

言う。

　きつい職業でもある。ゲーマーにとってストレスは大きな問題だ。疲労もまた問題だし，ケガもしょっちゅうだ。トッププレーヤーのヘイ゠ラムは，長年のプロとしてのゲームによって手首の問題を抱えている。キャリアは短期間であり，多くのゲーマーは30になる前に引退して次の職業を探すのにあがいている。

━━━━━━━◀解　説▶━━━━━━━

　7．ウ．business が正解。空所7には big の修飾を受ける名詞が入る。選択肢の中で名詞（の可能性のある語）は，アの appeal「訴え，魅力」，ウの business，オの issue「問題」の3つである。次の文に pro gaming の世界の盛んな様子が書かれていることから，ウを正解とする。

　8．イ．attract が正解。空所8は直前の many tournaments を主語とし，直後の huge online audiences を目的語とする述語動詞である。述語動詞になりえるのは，アの appeal「訴える」，イの attract「〜を引きつける」，エの dedicate「〜を捧げる」，オの issue「〜を発行する」，キの suffered「（被害などを）被った」であり，他動詞はイ・エ・オ・キである。主語と目的語から考えて，イが適当である。

　9．カ．just が正解。空所9が not の直後にあること，後のダッシュ（―）以下に also があることから，「AだけでなくBも」を表す not only A but also B の構文のバリエーションとなるカが正解となる。but がダッシュで代用されている。

　10．エ．dedicate が正解。空所10は，need to の直後にあることから動詞原形と考えられる。またその後の your whole life は目的語と考えられる。pretty much「だいたい，ほとんど」　選択肢の中で他動詞としてよく用いられるのは，イの attract「引きつける」，エの dedicate「捧げる」，オの issue「発行する」である。目的語から判断して，エが適当である。後に「〜に」を表す前置詞 to 句をともなっていることとも整合する。

　11．オ．issue が正解。空所11は big の修飾を受ける名詞である。選択肢の中で名詞（の可能性のある語）は，アの appeal「訴え，魅力」，ウの business，オの issue「問題」の3つである。文の主語が「ストレス」であることから，オを正解とする

　12．キ．suffered が正解。空所12のある段は，pro gaming の世界のネガ

ティブな面を取り上げている。主語がこの世界の top player である Hai
Lam であること，目的語が wrist problems「手首の問題」であることか
ら，「(苦痛，損害などを) 受ける，こうむる」の意味の他動詞 suffer の
過去形のキを正解とする

Ⅲ　解答　13—エ　14—ウ　15—ア　16—ア　17—ウ　18—ウ
　　　　　　19—ア　20—ウ

◀解　説▶

13.「彼には準備の時間がたくさんあったけれども，彼が時間内にその作
業を終えることは期待しなかった」

エ．him to finish が正解。空所の前の expect は後に「A (人) to *do*」を
ともなって「A が〜することを期待する」の意味で用いられる。

14.「私が先生に課せられた仕事は，やさしくはなかったが，それだけの
価値があると感じた」

ウ．was worth が正解。選択肢から判断して，「〜の価値がある」の意味
を表す worth と worthwhile の語法が問われている。worth は前置詞，
worthwhile は形容詞である。直後の it は空所の目的語と考えられるので
worth が正解となる。worth it は「それだけの価値がある」の意味で用い
られる慣用句である。

15.「私の体育の先生はまず嘘をつくことがない人である」

ア．last が正解。空所以下は，the last A who 〜 で「めったに〜しない
A」の意味を表す否定の構文である．

16.「この書類の一番下にあなたの署名が必要です」

ア．be placed が正解。空所は is required の目的語である that 節中の述
語動詞である。このような節の中では，時制は仮定法現在 (動詞の原形)
または助動詞 should をとる。

17.「今日の試合には勝つだろう。そうなった場合，どこかよいレストラ
ンで外食しようか？」

ウ．in which が正解。問題の文には述語動詞が，might win と can eat の
2つがある。したがって，空所には接続詞の働きをする語が求められる。
空所直後にある case「場合」がとる前置詞は in であること，この空所は
「その場合」の意味で前の節の内容を受けていると考えられること，この2

点から，前の節を先行詞とする関係代名詞の which を含むウが正解となる。この in which case は，and in that case と書き換えることができる。

18.「もしその問題が長引くのなら，ご遠慮なく私たちの技術チームの援助を求めて下さい」

ウ．persists が正解。問題の文は，主節が命令文であるから，if の一般的な用法，すなわち未来における条件を表す用法である。したがって，if 節中には現在時制が用いられる。persist は「（好ましくない物・事が）根強く持続する，根強く残る」の意味。

19.「マーケティングスタッフの力強い努力のおかげで，我々の年間利益は 7 ％増加した」

ア．by が正解。空所以下は，has increased を修飾する副詞句である。「〜だけ，〜％分」と程度，比率，差などを表す前置詞 by が正解となる。

20.「医者は，いくつかの検査をするために，その患者を 2，3 日病院に留めておきたいと思った」

ウ．so that が正解。空所の節は，節中の述語動詞に助動詞 can の過去形 could をともなっている。したがって，「〜できるように」と目的を表す so that の構文と考えるのが妥当である。ア．for that は前置詞 for の目的語が that 節となり正文とならない。イ．in that は「〜という点において」の意味の成句であるが，文として意味をなさない。エ．that is は「すなわち」の意味の挿入句として用いられることが多い。問題の文では，空所は挿入句とはなっていない。

IV　解答　21—ウ　22—イ　23—エ　24—イ

◀解　説▶

21.「生徒は，期日内に宿題を提出するよう念を押された」

ウが正解。問題文の remind は，remind *A* to *do* で「*A* に〜するよう注意する，念を押す」の意味に用いる。ここでは，受動態となっている。選択肢のアとイの ask「頼む」よりは，ウとエの tell に近い意味である。また，turn in 〜 は「〜を提出する」の意味の他動詞句であり，ウの submit と同義である。

22.「新しい改革は，一般大衆の反対にもかかわらず押し進められた」

イが正解。問題文の push through 〜 は「〜を実行する，断行する」の意味の他動詞句。したがって，選択肢の中ではイの pass「（議案などを）承認する，可決する」がもっとも意味が近い。問題文の despite public opposition「一般大衆の反対にもかかわらず」の意味の副詞句が，選択肢では even though the public did not agree の副詞節に言い換えられている。

23.「首相は部隊を見送るために，個人としてやってきた」

エが正解。see 〜 off は「〜を見送る」の意味の他動詞句。したがって，選択肢の中ではエの say farewell to 〜「〜に別れを告げる」が意味が近い。アの encourage は「励ます」，イの inspect は「視察する」の意味。

24.「役員会は，労働者の年間賃金引き上げの要求に屈した」

イが正解。問題文の gave in to 〜 は「〜に屈する」の意味のイディオム。したがって，イの yield to 〜 にもっとも意味が近い。また，demand と request，annual と yearly，increase と rise はほぼ同義である。

Ⅴ　解答　25—エ　26—エ　27—エ　28—イ　29—ウ

◀解　説▶

25.（a）「攻撃的なあるいは不快な」

（b）「彼女はすぐに醜い思いを頭から振り払おうとした」

エ．ugly「醜い」が正解。ア．amusing「楽しい」　イ．hopeless「望みのない」　ウ．spontaneous「自発的な」

26.（a）「工場で商品を大量に製産する過程」

（b）「鋼鉄とアルミニウムは自動車やコンピュータの製造に使用される」

エ．manufacture「製造」が正解。ア．creation「創造」　イ．design「デザイン，設計」　ウ．innovation「革新」

27.（a）「同じ文化，言語，歴史を共有し，しばしば一緒に住む集団」

（b）「その部族は，年長者が高い地位を占める年功制を持っていた」

seniority「年長であること，年功」　status「地位」

エ．tribe「部族」が正解。ア．company「仲間，会社」　イ．province「地方，州」　ウ．regime「政治体制」

28.（a）「過剰な保護と世話をもって待遇すること」

⒝「職場でのつらい一日の後で，彼女は健康ランドに行くことで自分への<u>ご褒美とした</u>」

イ．spoils が正解。spoil は通常は，「甘やかす，台なしにする」の意味で用いられるが，ここでの spoil は再帰代名詞を目的語として「(よい意味で) ぜいたくをする，思い切って〜する」の意味で用いられている。ア．exert「(力，権力など) 使う，行使する」　ウ．supply「供給する」　エ．tempt「誘惑する，そそのかす」

29．⒜「公式にあるいは公共的に何かを発表すること」

⒝「市役所は緊急事態を<u>宣言する</u>つもりである」

a state of emergency「緊急事態」

ウ．declare「宣言する」が正解。ア．claim「要求する」　イ．contend「(問題などと) 取り組む，(困難などと) 戦う」　エ．emphasize「強調する」

Ⅵ　解答
30—オ　31—イ　32—オ　33—カ　34—エ　35—オ
36—イ　37—ウ

◀解　説▶

30・31．(Myths provide narratives that explain) how <u>things</u> have <u>come</u> to be (as they are now.)

語群から判断して「〜になる」に当たる部分を come to *do* で表現することを理解する。すると，不定詞は to be となり，時制は現在完了をとることがわかる。「〜について」は表現する必要がなく how 節が explain の目的語となる。

32・33．(I do not agree with your opinion that) <u>the only</u> goal of our <u>work</u> is (to make money.)

「〜というあなたの意見」は your opinion that 〜 と同格節を導く接続詞 that を用いて表現される。逐語的に日本語を英語に置き換えていけば文を完成することができる。

34・35．(The village remained strangely) <u>silent</u> as if <u>there</u> were nobody present.

述語動詞の remained は補語をとる。したがって，副詞の strangely を飛び越えて空所の先頭が補語となる。remain の補語となりうるのは形容詞

であるから，ここに silent がくる。「まるで～かのように」は接続詞句の as if で表されることはすぐに読み取れるだろう。as if 節内は〈there is / are / was / were＋主語〉の構文となり，仮定法過去の were となる。なお，nobody present の present は「居合わせる，出席している」の意味の形容詞。

36・37. (It means) <u>nothing</u> to me <u>that</u> they value (my work only for my good connections.)

まず，「どうでもよい」が means nothing となることを書き出しと語群から読み取ること。次に，仮主語構文であること，カの value が「評価する」の意味の動詞であることを理解し，それによって主語の they が決定される。すると残りは to me となり，その位置はおのずから明らかであろう。

Ⅶ　解答

問 1．ウ　問 2．ア　問 3．エ　問 4．ウ　問 5．イ
問 6．イ　問 7．イ・キ（順不同）

◆全　訳◆

≪マラリアの現在≫

　マラリアは，世界中の熱帯と亜熱帯をとおして普通に見られる病気である。サハラ以南のアフリカ，アジア，中南米を含む赤道付近の広い帯域で発生する。マラリアは 50,000 年から 100,000 年にわたって存在し続けているが，この病気が人類において始まった起源については，人類が最初に定住を形成したおよそ 10,000 年前の農耕の発展に関連づけられている。この病気は，歴史が記録され始めた当初から言及されている。たとえば，紀元前 2,700 年の中国やローマ帝国などである。

　malaria（マラリア）の名前は 2 つの古代の単語から作られた。悪を意味する mal と空気を意味する aria である。けれども，マラリアは空気よりは水との関連が深い。水の表面で繁殖する蚊によって運ばれるからである。感染したメスの蚊がヒトや動物を咬むと，マラリアは血液の中に取り込まれる。続いて，体中を駆け巡り，そこで成熟し繁殖し始める。感染後，およそ 8 日間で，高熱と頭痛の症状が始まる。典型的なマラリアの症状は，突然の寒気と震えで，その後にひどい高熱と発汗を 2 日周期で繰り返す。

　マラリアには治療薬があり，これを初期に飲めば，重症でない場合は効

果的で，患者は完全な回復を期待できる。治療しなかったり重症な場合は，しばしば致命的である。世界保健機構（WHO）の推定によれば，2010 年においては，およそ 2 億 2,000 万人のマラリア患者があり，65 万人の死者があった。ということは，毎日，およそ 2,000 人がこの病気で死んでいることになる。他の研究によれば，この病気はもっと一般的なものであった。これらの死者の大多数（65％）が 15 歳未満の児童に発生しており，患者の 90％がアフリカで発生している。

　マラリアとの闘いには 3 つの主な側面がある。一番目は，蚊の繁殖地を除去する化学薬品の使用と，蚊に刺されないように遠ざけておくスクリーンやネットの使用を増やすことである。二番目は，感染者の病状をコントロールするための薬の使用。三番目の戦略は，そもそもヒトをこの病気の感染から守る薬品の開発である。まだ，そのような薬品はないが，人が摂取でき，蚊の毒が効力を持たないようにする薬品は存在している。マラリアは，かつてよく見られた地域の多くにおいて，もはや見られなくなっている。

■━━━━━━━━━　◀解　説▶　━━━━━━━━━■

問 1．ウ．「人類におけるマラリアの起源は農耕の発達と関係がある」が一致。第 1 段第 3 文（While malaria has been …）に，… the origin of the disease in humans is associated with the development of farming … とある。origin が選択肢では beginning に，associated が connected を用いて言い換えられている。アは，but not those in sub-tropical areas とあるのが，第 1 文に不一致。イは，2,700 years ago とあるのが in 2,700 BC のまちがい（最終文：The disease is …）。エは，ヒトのマラリアの起源についてであるから，between 50,000 and 100,000 years ago とあるのが，about 10,000 years ago（第 3 文）のまちがい。

問 2．ア．「感染したメスの蚊がマラリアを動物にうつすことはない」が不一致。第 2 段第 3 文（When an infected …）に，「感染したメスの蚊がヒトや動物を咬んだとき」について，malaria is introduced into the blood とある。イは第 2 文（However, malaria is …）に，ウは第 2・3 文に，エは第 4 文（About eight days after …）に一致。

問 3．エ．「マラリアは WHO の報告よりももっと広がっていることを，別個の研究が示唆している」が正解。下線部(40)の，other studies が選択

肢では separate research に，more common が more widespread に言い
換えられている。下線部(40)は第 3 段第 3 文（The World Health
Organisation …）からの内容を受けており，The World Health
Organisation の推定との比較が含意されている。なお，even は，比較級
を強める「さらに」の意味である。

問 4．ウ．「すぐに投薬されれば，軽度のマラリアの場合には効果がある」
が正解。第 3 段第 1 文の … if these（＝medicines）are taken early が if
taken soon と it（＝medicine）is の「主語＋be 動詞」が省略された構文
に言い換えられている。また，effective が successful に，nonsevere が
mild に言い換えられている。アは第 3 文（The World Health
Organisation …）によれば，「発症者 2 億 2,000 万人中 65 万人の死者が
あった」ので致死率はおよそ 0.3％となるが，選択肢では「just a small
number が生き延びた」とあり，不一致。survived the disease とは「病
気から回復した」の意味。イは第 2 文（Without treatment and …）に，
エは最終文（The majority of …）に不一致。

問 5．イ．「蚊を人間から遠ざけておくことと，感染を防ぐ薬品の開発，
そして感染者の病状のコントロール」が正解。「3 つの主な側面」とある
下線部(42)の具体的な内容が，続く 3 文に列挙されている。アが紛らわしい
が，controlling infected people とあるのはまちがいで，コントロール
（制御）するのは「患者」ではなくて「患者の病状」である。ウは
screening people regularly「定期的に検査をする」については記述がな
い。エは developing mosquito poison「蚊の毒を開発する」の部分が不一
致。第 4 段第 5 文（While there is …）では，「蚊の毒が効力をもつのを
防ぐ」とある。

問 6．イ．「人と蚊の接触を減らすことは，マラリアと闘うためのひとつ
の方法である」が正解。第 4 段第 1 文に「マラリアとの闘いには 3 つの主
な側面がある」とあるその側面の 1 つが，次の第 2 文（First, the use of
…）に書かれている「蚊の繁殖地を除去する化学薬品の使用と，蚊に刺さ
れないように遠ざけておくスクリーンやネットの使用を高める」ことであ
る。これを要約したのがイである。第 1 文の fight が選択肢では combat
に，第 2 文の to keep the mosquitoes away from their victims が選択肢
では reducing contact between people and mosquitos に言い換えられて

いる。アとウはこの第 2 文に不一致。not under consideration「考慮され
ていない」　エは最終文（Malaria no longer …）に不一致。

問 7．イ．「マラリアは，人類が初めて定住生活をするようになった
10,000 年前から存在している」が不一致。10,000 years ago と formed
settlements の語句に注目して本文を読みこむと，第 1 段第 3 文（While
malaria has been …）を見つけることができる。この文によれば，
malaria has been in existence「マラリアが存在している」のは，現在も
含めて for 50,000 to 100,000 years の間である。10,000 years ago とある
のはヒトが罹患したマラリアの起源である。

キ．「サハラ以南のアフリカには多くのマラリア患者がいるが，アジアや
中南米の患者数はこれをはるかに上回っている」が不一致。sub-Saharan
と Asia and Central and South America の語句に注目して本文を見ると，
第 1 段第 2 文に，It（＝Malaria）occurs in a wide band around the
equator which includes sub-Saharan Africa, Asia and Central and
South America. がある。この地域に言及しているのはこの部分だけであ
り，患者数については記述がない。

アは，第 1 段第 2 文（It occurs in …）に一致。ウは同段最終文（The
disease is …）に一致。エは第 2 段最終文（The typical malaria …）に一
致。symptom「症状」　オは第 2 段第 3・4 文（When an infected …
begins to reproduce.）に一致。カは第 3 段第 3・4 文（The World
Health Organisation … disease every day.）に一致。本文によれば，マ
ラリアの致死率はおよそ 0.3％で，ほとんど死者は出ていないといえる。
estimate「見積もる，推定する」

//////////////// · **memo** · ////////////////

教学社 刊行一覧
2025年版　大学赤本シリーズ
国公立大学（都道府県順）

374大学556点 全都道府県を網羅

全国の書店で取り扱っています。店頭にない場合は，お取り寄せができます。

1　北海道大学(文系-前期日程)
2　北海道大学(理系-前期日程)　医
3　北海道大学(後期日程)
4　旭川医科大学(医学部〈医学科〉)　医
5　小樽商科大学
6　帯広畜産大学
7　北海道教育大学
8　室蘭工業大学／北見工業大学
9　釧路公立大学
10　公立千歳科学技術大学
11　公立はこだて未来大学　総推
12　札幌医科大学(医学部)　医
13　弘前大学　医
14　岩手大学
15　岩手県立大学・盛岡短期大学部・宮古短期大学部
16　東北大学(文系-前期日程)
17　東北大学(理系-前期日程)　医
18　東北大学(後期日程)
19　宮城教育大学
20　宮城大学
21　秋田大学　医
22　秋田県立大学
23　国際教養大学　総推
24　山形大学　医
25　福島大学
26　会津大学
27　福島県立医科大学(医・保健科学部)　医
28　茨城大学(文系)
29　茨城大学(理系)
30　筑波大学(推薦入試)　医 総推
31　筑波大学(文系-前期日程)
32　筑波大学(理系-前期日程)　医
33　筑波大学(後期日程)
34　宇都宮大学
35　群馬大学　医
36　群馬県立女子大学
37　高崎経済大学
38　前橋工科大学
39　埼玉大学(文系)
40　埼玉大学(理系)
41　千葉大学(文系-前期日程)
42　千葉大学(理系-前期日程)　医
43　千葉大学(後期日程)　医
44　東京大学(文科)　DL
45　東京大学(理科)　DL　医
46　お茶の水女子大学
47　電気通信大学
48　東京外国語大学　DL
49　東京海洋大学
50　東京科学大学(旧 東京工業大学)
51　東京科学大学(旧 東京医科歯科大学)　医
52　東京学芸大学
53　東京藝術大学
54　東京農工大学
55　一橋大学(前期日程)
56　一橋大学(後期日程)
57　東京都立大学(文系)
58　東京都立大学(理系)
59　横浜国立大学(文系)
60　横浜国立大学(理系)
61　横浜市立大学(国際教養・国際商・理・データサイエンス・医〈看護〉学部)

62　横浜市立大学(医学部〈医学科〉)　医
63　新潟大学(人文・教育〈文系〉・法・経済科・医〈看護〉・創生学部)
64　新潟大学(教育〈理系〉・理・医〈看護を除く〉・歯・工・農学部)　医
65　新潟県立大学
66　富山大学(文系)
67　富山大学(理系)　医
68　富山県立大学
69　金沢大学(文系)
70　金沢大学(理系)　医
71　福井大学(教育・医〈看護〉・工・国際地域学部)
72　福井大学(医学部〈医学科〉)　医
73　福井県立大学
74　山梨大学(教育・医〈看護〉・工・生命環境学部)
75　山梨大学(医学部〈医学科〉)　医
76　都留文科大学
77　信州大学(文系-前期日程)
78　信州大学(理系-前期日程)　医
79　信州大学(後期日程)
80　公立諏訪東京理科大学　総推
81　岐阜大学(前期日程)　医
82　岐阜薬科大学
83　岐阜薬科大学
84　静岡大学(前期日程)
85　静岡大学(後期日程)
86　浜松医科大学(医学部〈医学科〉)　医
87　静岡県立大学
88　静岡文化芸術大学
89　名古屋大学(文系)
90　名古屋大学(理系)　医
91　愛知教育大学
92　名古屋工業大学
93　愛知県立大学
94　名古屋市立大学(経済・人文社会・芸術工・看護・総合生命理・データサイエンス学部)
95　名古屋市立大学(医学部〈医学科〉)　医
96　名古屋市立大学(薬学部)
97　三重大学(人文・教育・医〈看護〉学部)
98　三重大学(医〈医〉・工・生物資源学部)　医
99　滋賀大学
100　滋賀医科大学(医学部〈医学科〉)　医
101　滋賀県立大学
102　京都大学(文系)
103　京都大学(理系)　医
104　京都教育大学
105　京都工芸繊維大学
106　京都府立大学
107　京都府立医科大学(医学部〈医学科〉)　医
108　大阪大学(文系)　DL
109　大阪大学(理系)　医
110　大阪教育大学
111　大阪公立大学(現代システム科学域〈文系〉・文・法・経済・商・看護・生活科〈居住環境・人間福祉〉学部-前期日程)
112　大阪公立大学(現代システム科学域〈理系〉・理・工・農・獣医・医・生活科〈食栄養〉学部-前期日程)　医
113　大阪公立大学(中期日程)
114　大阪公立大学(後期日程)
115　神戸大学(文系-前期日程)
116　神戸大学(理系-前期日程)　医

117　神戸大学(後期日程)
118　神戸市外国語大学　DL
119　兵庫県立大学(国際商経・社会情報科・看護学部)
120　兵庫県立大学(工・理・環境人間学部)
121　奈良教育大学／奈良県立大学
122　奈良女子大学
123　奈良県立医科大学(医学部〈医学科〉)　医
124　和歌山大学
125　和歌山県立医科大学(医・薬学部)　医
126　鳥取大学　医
127　公立鳥取環境大学
128　島根大学　医
129　岡山大学(文系)
130　岡山大学(理系)　医
131　岡山県立大学
132　広島大学(文系-前期日程)
133　広島大学(理系-前期日程)　医
134　広島大学(後期日程)
135　尾道市立大学　総推
136　県立広島大学
137　広島市立大学
138　福山市立大学　総推
139　山口大学(人文・教育〈文系〉・経済・医〈看護〉・国際総合科学部)
140　山口大学(教育〈理系〉・理・医〈看護を除く〉・工・農・共同獣医学部)　医
141　山陽小野田市立山口東京理科大学　総推
142　下関市立大学／山口県立大学
143　周南公立大学　新 総推
144　徳島大学　医
145　香川大学　医
146　愛媛大学　医
147　高知大学　医
148　高知工科大学
149　九州大学(文系-前期日程)
150　九州大学(理系-前期日程)　医
151　九州大学(後期日程)
152　九州工業大学
153　福岡教育大学
154　北九州市立大学
155　九州歯科大学
156　福岡県立大学／福岡女子大学
157　佐賀大学　医
158　長崎大学(多文化社会・教育〈文系〉・経済・医〈保健〉・環境科〈文系〉学部)
159　長崎大学(教育〈理系〉・医〈医〉・歯・薬・情報データ科・工・環境科〈理系〉・水産学部)　医
160　長崎県立大学　総推
161　熊本大学(文・教育・法・医〈看護〉学部・情報融合学環〈文系型〉)
162　熊本大学(理・医〈看護を除く〉・薬・工学部・情報融合学環〈理系型〉)　医
163　熊本県立大学
164　大分大学(教育・経済・医〈看護〉・理工・福祉健康科学部)
165　大分大学(医学部〈医・先進医療科学科〉)　医
166　宮崎大学(教育・医〈看護〉・工・農・地域資源創成学部)
167　宮崎大学(医学部〈医学科〉)　医
168　鹿児島大学(文系)
169　鹿児島大学(理系)　医
170　琉球大学　医

2025年版　大学赤本シリーズ

国公立大学 その他

私立大学①

2025年版 大学赤本シリーズ

私立大学③

中国の大学 (50音順)

四国の大学 (50音順)

九州の大学 (50音順)

🔲 医学部医学科を含む
総推 総合型選抜または学校推薦型選抜を含む
DL リスニング音声配信 新 2024年 新刊・復刊

掲載している入試の種類や試験科目、収録年数などはそれぞれ異なります。
詳細については、それぞれの本の目次や赤本ウェブサイトでご確認ください。

akahon.net

赤本 | [検索]

難関校過去問シリーズ

出題形式別・分野別に収録した「入試問題事典」

20大学73点

定価2,310~2,640円(本体2,100~2,400円)

先輩合格者はこう使った!「難関校過去問シリーズの使い方」

61年, 全部載せ!
要約演習で, 総合力を鍛える

東大の英語 要約問題 UNLIMITED

国公立大学

私立大学

DL リスニング音声配信
新 2024年 新刊
改 2024年 改訂

いつも受験生のそばに──赤本

大学入試シリーズ＋α
入試対策も共通テスト対策も赤本で

2025 年版　大学赤本シリーズ　No. 511

近畿大学（英語〈医学部を除く3日程
×3カ年〉）

2024 年 7 月 10 日　第 1 刷発行
ISBN978-4-325-26570-2
定価は裏表紙に表示しています

編　集　教学社編集部
発行者　上原　寿明
発行所　教学社
　　　　〒606-0031
　　　　京都市左京区岩倉南桑原町56
電話　075-721-6500
振替　01020-1-15695
印　刷　太洋社